단계별로
쉽게
익히는

3 STEP 일본어

한선희 · 이이호시 카즈야 · 오가와 야스코 공저

2

다락원

머리말

세상은 하루가 다르게 변화하고 있습니다. 소통의 형태도 다양해져서 카카오톡이나 유튜브, 트위터, 인스타그램, 페이스북(메타로 변경) 등을 통해 각기 다른 정체성으로 소통하고 있습니다. 그러나 변하지 않는 것은 외국어 학습입니다. 기계를 통하여 내용은 전달할 수 있지만, 사람의 감정과 섬세한 마음은 외국어의 구사로만 전달할 수 있습니다. 일본어를 습득해야 일본의 문화 및 언어에 담긴 정서를 알 수 있고 일본인에 대해서 이해할 수 있습니다.

이 책은 『단계별로 쉽게 익히는 3 STEP 일본어 2』의 개정판입니다. 변하는 시대에 맞추어 내용을 일부 수정하고 삽화도 수정하였습니다. 3권의 시리즈로 되어 있고, 각각 한 권이 10과로 구성되어 있습니다. 한 권의 양이 기존의 교재보다 적어 단기간에 만족감과 성취감을 맛볼 수 있도록 한 것이 특징입니다.

이 책의 구성은 '미리 보기'와 '문형 꽉 잡기'에서 학습 내용을 미리 제시하고, 제시된 문형을 본문에서 실제 회화에 응용하였으며 '문형 쏙 정리하기'에서는 문형 설명과 다양한 예문을 제시해서 이해하기 쉽도록 하였습니다. 본문 학습 후 '문형 연습하기', '회화 연습하기', '듣기 연습하기', '독해 연습하기'를 통하여 배운 사항을 반복하고 확인하면서 쓰기, 말하기, 듣기, 읽기 활동이 단계적으로 이루어지도록 구성하였습니다. 또한 실제 생활에서 쓸 수 있는 어휘를 골고루 사용하여 학습 후 문형을 실제로 적용할 수 있도록 하였습니다. 본문에서 다룬 회화 장면은 대학생, 회사원 모두 접할 수 있는 내용으로 일상생활에서 자연스럽게 응용하도록 하였습니다.

아무쪼록 이 교재를 바탕으로 끊임없이 반복 또 반복하여 자연스러운 일본어를 습득하시기 바랍니다. 또 중요한 것은 재미있게 공부하는 것입니다. 재미있고 즐겁게 공부하여 목표를 향해 나아가시길 바랍니다.

저자 일동

이 책의
구성과 특징

이 책은 『3 STEP 일본어 시리즈』 2단계로 일본어를 처음 공부하는 학습자를 위해 선생님과 함께 공부할 수 있도록 만들어진 강의용 교재입니다. 각 과는 미리 보기, 문형 꽉 잡기, 회화로 또 확인하기, 문형 쏙 정리하기, 문형 연습하기, 회화 연습하기, 듣기 연습하기, 독해 연습하기, 함께 읽어보는 일본의 문화로 구성되어 있습니다.

＊ 미리 보기

각 과에서 학습하는 중요 문형을 확인합니다.

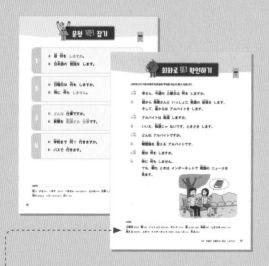

＊ 문형 쏙 정리하기

회화에 나오는 주요 문형과 문법을 간단한 설명과 다양한 예문을 통해 익힙니다.

＊ 문형 꽉 잡기

각 과의 학습 문형을 대화문으로 확인합니다.

＊ 회화로 또 확인하기

자연스러운 회화를 통해 주요 문형을 익힙니다.

새 단어 각 코너에 새로 나오는 단어를 정리했습니다.

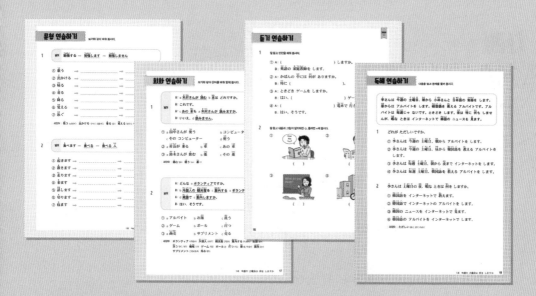

＊ 문형/회화/듣기/독해 연습하기

언어의 4기능에 맞춰 주요 문형과 문법을 균형있게
연습할 수 있습니다.

＊ 함께 읽어보는 일본의 문화

흥미로운 일본 문화를 소개합니다.

＊ 부록

동사 활용표, 정답, 스크립트를 실었습니다.

＊무료 MP3

스마트폰 이용

우측 또는 표지와 표지 안쪽의 QR코드를 스마트폰으로 찍으면 다락원 모바일 홈페이지로
이동해 음성을 듣거나 MP3 파일을 다운로드 받을 수 있습니다.

PC 이용

다락원 홈페이지에서 회원가입 후 MP3 파일을 다운로드 받을 수 있습니다.

차례

등장인물

한국인

이유리 李由梨

(여 / 22세)

일본 대학교에서 유학생활 중이다.
김우진의 대학 후배이며, 고바야시의 친구.

김우진 金宇真

(남 / 28세)

일본에서 직장 생활을 하고 있다.
이유리의 선배. 야마모토와는 직장 입사 동기이다.

일본인

야마모토 아키코 山本明子

(여 / 27세)

김우진의 직장 동료.

고바야시 히로유키 小林広幸

(남 / 22세)

일본 대학교의 외국어학부에서
한국어를 전공하고 있다.
이유리의 대학 친구.

今週の 土曜日は 何を しますか

동사의 종류와 활용에 대하여 배워 봅시다.

미리 보기

❶ 夜 何を しますか。

❷ 特に 何も しません。

❸ どんな 仕事ですか。

❹ 新聞を 配達する 仕事です。

❺ 学校まで 何で 行きますか。

1

A: 夜 何を しますか。
_{よる} _{なに}

B: 日本語の 勉強を します。
_{に ほん ご} _{べんきょう}

2

A: 日曜日は 何を しますか。
_{にち よう び} _{なに}

B: 特に 何も しません。
_{とく} _{なに}

3

A: どんな 仕事ですか。
_{し ごと}

B: 新聞を 配達する 仕事です。
_{しん ぶん} _{はい たつ} _{し ごと}

4

A: 学校まで 何で 行きますか。
_{がっ こう} _{なに} _い

B: バスで 行きます。
_い

새 단어

夜 밤 する 하다 ～ます ～입니다 ～ません ～하지 않습니다 どんな 어떤 仕事 일, 업무, 직업 配達する 배달하다
_{よる} _{し ごと} _{はい たつ}
何で 무엇으로 ～で ～(으)로〈수단〉 行く 가다
_{なに} _い

회화로 또! 확인하기

고바야시가 이유리에게 토요일에 무엇을 하는지 묻고 있습니다.

小林　李さん、今週の 土曜日は 何を しますか。

李　朝から 高橋さんと いっしょに 英語の 勉強を します。
　　そして、昼からは アルバイトを します。

小林　アルバイトは 毎週 しますか。

李　いいえ、毎週じゃ ないです。ときどき します。

小林　どんな アルバイトですか。

李　韓国語を 教える アルバイトです。

小林　夜は 何を しますか。

李　特に 何も しません。
　　でも、暇な ときは インターネットで 韓国の ニュースを
　　見ます。

새 단어

土曜日 토요일　**朝** 아침　**いっしょに** 함께, 같이　**そして** 그리고　**昼** 낮, 정오, 점심　**毎週** 매주　**ときどき** 때때로, 가끔
教える 가르치다　**とき** 때　**インターネット** 인터넷　**ニュース** 뉴스　**見る** 보다

1 동사의 종류

일본어 동사의 기본형은 う단으로 끝나며, 기본형은 사전에 나와 있는 형태와 같아서 사전형이라고도 한다. 형용사와 마찬가지로 어간과 어미로 구성되며, 어간은 모양이 바뀌지 않고, 어미는 활용에 따라 모양이 바뀐다. 동사는 형태에 따라 세 가지로 구분된다.

종류	특징	예		
1그룹동사 (5단동사)	어미가 る로 끝나지 않는 동사	置く 두다 待つ 기다리다	言う 말하다	遊ぶ 놀다
	어미가 る로 끝나고 る 앞이 あ・う・お단인 동사	分かる 이해하다	作る 만들다	乗る 타다
	예외동사	帰る 돌아가다 知る 알다	走る 달리다 しゃべる 떠들다	切る 자르다
2그룹동사 (상·하 1단동사)	어미가 る로 끝나고 る앞 글자가 い단이나 え단인 동사	見る 보다 食べる 먹다	寝る 자다	起きる 일어나다
3그룹동사 (불규칙동사)	활용이 불규칙함	来る 오다	する 하다	勉強する 공부하다

2 동사의 ます형

동사를 정중표현으로 바꿀 때는 동사에 「〜ます(〜입니다)」를 붙인다. 동사에 「〜ます」가 연결될 때 동사는 종류에 따라 각각 다른 형태로 활용하는데, 이 때 동사의 어미가 변화한 형태를 ます형 또는 연용형이라고 한다. 동사의 정중표현은 동사의 ます형+ます의 형태가 된다.

종류	활용 방법	예
1그룹동사 (5단동사)	어미 う단 → い단+ます	書く 쓰다 → 書きます 씁니다 泳ぐ 헤엄치다 → 泳ぎます 헤엄칩니다 会う 만나다 → 会います 만납니다 待つ 기다리다 → 待ちます 기다립니다 降る 내리다 → 降ります 내립니다 死ぬ 죽다 → 死にます 죽습니다 遊ぶ 놀다 → 遊びます 놉니다 飲む 마시다 → 飲みます 마십니다 話す 말하다 → 話します 말합니다
2그룹동사 (상·하 1단동사)	어미 る → る+ます	見る 보다 → 見ます 봅니다 起きる 일어나다 → 起きます 일어납니다 食べる 먹다 → 食べます 먹습니다 寝る 자다 → 寝ます 잡니다
3그룹동사 (불규칙동사)	활용이 불규칙함	来る 오다 → 来ます 옵니다 する 하다 → します 합니다 勉強する 공부하다 → 勉強します 공부합니다

3 どんな+명사 어떠한+명사, 무슨+명사

「どんな」는 항상 명사를 수식한다. 상태, 성질, 정도에 대하여 물을 때 쓰고, 물건과 사실의 구체적 이름을 부를 때도 쓴다.

A : どんな アルバイトですか。 어떤 아르바이트입니까?
B : パン屋の アルバイトです。 빵집 아르바이트입니다.
A : 佐藤さんは どんな 人ですか。 사토 씨는 어떤 사람입니까?
B : こわい 人です。 무서운 사람입니다.

━━━ 새단어 ━━━

こわい 무섭다

4 　동사 사전형＋명사 ~할＋명사, ~하는＋명사

동사 사전형은 뒤에 오는 명사를 수식한다. こと(것), もの(물건)와 같은 형식명사도 수식한다.

韓国語を 教える アルバイトです。
한국어를 가르치는 아르바이트입니다.

家に 帰る 時間は 何時ですか。
집에 돌아가는 시간은 몇 시입니까?

学校に 行く とき 自転車に 乗りますか。
학교에 갈 때 자전거를 탑니까?

私の 趣味は 世界の 切手を 集める ことです。
내 취미는 세계의 우표를 모으는 것입니다.

새 단어

自転車 자전거
乗る (탈것을) 타다
趣味 취미
世界 세계
集める 모으다

5 　동사의 ます형＋ません ~하지 않습니다

「~ません」은 「~ます」의 부정형으로 동사에 붙여서 정중한 부정을 나타낸다.

새 단어

ぜんぜん 전혀
最近 최근, 요즘
お金 돈
ある 있다

あまり テレビは 見ません。 그다지 텔레비전은 보지 않습니다.

運動は ぜんぜん しません。 운동은 전혀 하지 않습니다.

最近 雨が 降りません。 요즘 비가 내리지 않습니다.

お金が ありません。 돈이 없습니다.

6 　~で ~(으)로 <수단>

「~で」는 조사로 수단과 방법을 나타낸다.

새 단어

お酒 술
作る 만들다
米 쌀
レポート 리포트
電話 전화
話 이야기

A : お酒は 何で 作りますか。 술은 무엇으로 만듭니까?
B : 米で 作ります。 쌀로 만듭니다.

レポートは 日本語で 書きます。 리포트는 일본어로 씁니다.

友だちと 電話で 話を します。 친구와 전화로 이야기를 합니다.

문형 연습하기

보기와 같이 바꿔 봅시다.

1

보기	勉強する → 勉強します → 勉強しません

① 歌う ➡ ＿＿＿＿＿＿＿＿ ➡ ＿＿＿＿＿＿＿＿

② 出かける ➡ ＿＿＿＿＿＿＿＿ ➡ ＿＿＿＿＿＿＿＿

③ 帰る ➡ ＿＿＿＿＿＿＿＿ ➡ ＿＿＿＿＿＿＿＿

④ 着る ➡ ＿＿＿＿＿＿＿＿ ➡ ＿＿＿＿＿＿＿＿

⑤ 降る ➡ ＿＿＿＿＿＿＿＿ ➡ ＿＿＿＿＿＿＿＿

⑥ 覚える ➡ ＿＿＿＿＿＿＿＿ ➡ ＿＿＿＿＿＿＿＿

⑦ 泳ぐ ➡ ＿＿＿＿＿＿＿＿ ➡ ＿＿＿＿＿＿＿＿

새단어 歌う 노래하다　出かける 나가다, 외출하다　着る 입다　覚える 외우다, 기억하다　泳ぐ 헤엄치다

2

보기	食べます → 食べる → 食べる 人

① 起きます ➡ ＿＿＿＿＿＿＿＿ ➡ ＿＿＿＿＿＿＿＿

② 置きます ➡ ＿＿＿＿＿＿＿＿ ➡ ＿＿＿＿＿＿＿＿

③ 走ります ➡ ＿＿＿＿＿＿＿＿ ➡ ＿＿＿＿＿＿＿＿

④ 来ます ➡ ＿＿＿＿＿＿＿＿ ➡ ＿＿＿＿＿＿＿＿

⑤ 話します ➡ ＿＿＿＿＿＿＿＿ ➡ ＿＿＿＿＿＿＿＿

⑥ 切ります ➡ ＿＿＿＿＿＿＿＿ ➡ ＿＿＿＿＿＿＿＿

⑦ 寝ます ➡ ＿＿＿＿＿＿＿＿ ➡ ＿＿＿＿＿＿＿＿

3

보기 人 / 親切だ　➡　A: どんな　人ですか。
　　　　　　　　　　　 B: 親切な　人です。

① 部屋 / 静かだ

➡ _____

② ところ / あたたかい

➡ _____

③ 先生 / きびしい

➡ _____

새단어　きびしい 엄하다

4

보기 お酒 / 米 / 作る　➡　お酒は　米で　作ります。

① 車 / ガソリン / 走る

➡ _____

② 水車 / 水 / 動く

➡ _____

③ 紙 / 木 / 作る

➡ _____

새단어　ガソリン 가솔린　水車 물레방아　水 물　動く 움직이다　紙 종이　木 나무

회화 연습하기

보기와 같이 단어를 바꿔 말해 봅시다.

1 | 보기

A: a 木村_{き む ら}さんが 読_よむ b 本_{ほん}は どれですか。

B: これです。

A: c あの 本_{ほん}も a 木村_{き む ら}さんが 読_よみますか。

B: いいえ、d 読_よみません。

① a 田中_{た なか}さんが 使_{つか}う   b コンピューター

   c その コンピューター   d 使_{つか}う

② a 社長_{しゃ ちょう}が 乗_のる   b 車_{くるま}   c あの 車_{くるま}   d 乗_のる

③ a 鈴木_{す ず き}さんが 飲_のむ   b 薬_{くすり}   c その 薬_{くすり}   d 飲_のむ

새단어 読_よむ 읽다 使_{つか}う 쓰다 薬_{くすり} 약

2 | 보기

A: どんな a ボランティアですか。

B: b 外国人_{がい こく じん}の 観光客_{かん こう きゃく}を c 案内_{あん ない}する a ボランティアです。

A: d 英語_{えい ご}で c 案内_{あん ない}しますか。

B: はい、そうです。

① a アルバイト   b お皿_{さら}   c 洗_{あら}う   d 機械_{き かい}

② a ゲーム   b ボール   c 打_うつ   d 棒_{ぼう}

③ a 商売_{しょう ばい}   b サプリメント   c 売_うる   d インターネット

새단어 ボランティア 자원봉사 外国人_{がい こく じん} 외국인 観光客_{かん こう きゃく} 관광객 案内_{あん ない}する 안내하다 お皿_{さら} 접시
洗_{あら}う 닦다, 씻다 機械_{き かい} 기계 ゲーム 게임 ボール 공 打_うつ 치다 棒_{ぼう} 봉, 막대기 商売_{しょう ばい} 장사
サプリメント 건강보조제 売_うる 팔다

듣기 연습하기

1 잘 듣고 빈칸을 채워 봅시다.

① A: (   ) しますか。

     B: 英語の 家庭教師を します。

② A: かばんの 中には 何が ありますか。

     B: 特に (   )。

③ A: ときどき ゲームを しますか。

     B: はい、(   ) ゲームを します。

④ A: (   ) 電車で 行きますか。

     B: はい、そうです。

2 잘 듣고 내용과 그림이 일치하면 ○, 틀리면 ×해 봅시다.

①

(   )

②

(   )

③

(   )

④

(   )

독해 연습하기

다음을 읽고 문제를 풀어 봅시다.

> 李さんは 今週の 土曜日、朝から 小林さんと 日本語の 勉強を します。
> 昼からは アルバイトを します。韓国語を 教える アルバイトです。アルバイトは 毎週じゃ ないです。ときどき します。夜は 特に 何も しませんが、暇な ときは インターネットで 韓国の ニュースを 見ます。

1 どれが ただしいですか。

① 李さんは 今週の 土曜日、朝から アルバイトを します。

② 李さんは 今週の 土曜日、昼から 韓国語を 教える アルバイトを します。

③ 李さんは 毎週 土曜日、朝から 夜まで インターネットを します。

④ 李さんは 毎週 土曜日、韓国語を 教える アルバイトを します。

2 李さんは 土曜日の 夜、暇な ときは 何を しますか。

① 韓国語を インターネットで 教えます。

② 韓国語で インターネットの アルバイトを します。

③ 韓国の ニュースを インターネットで 見ます。

④ 韓国語の アルバイトを インターネットで します。

새 단어 ただしい 옳다, 맞다, 바르다

일본의 대학 생활

학교 행사를 보면서 일본의 대학 생활을 살펴봅시다.

❁ 입학식

일본에서는 초등학교, 중학교, 고등학교, 대학교 모두 4월에 입학식을 하고 신학기를 맞이합니다.

❁ 여름 방학, 겨울 방학

대학에 따라 조금씩 차이는 있지만, 여름 방학은 대부분 7월 말부터 10월 초까지 약 2개월 정도입니다. 겨울 방학은 1월 말경부터 4월 초까지입니다.

❁ 대학 축제

대학 축제를 학원제(学園祭)라고 하는데 주로 가을에 열립니다. 학원제에는 연예인이나 문화인을 초청하기도 하고 동아리에서 음식을 만들어 팔기도 합니다. 그 외에 연구 발표 등 다양한 이벤트가 개최됩니다.

❁ 취직 활동

취직 활동(就職活動)은 대부분 3학년 여름부터 시작합니다. 취직 활동을 줄여서 슈카츠(就活)라고도 말합니다. 취직이 정해질 때까지 반년에서 1년 정도 걸리고 취직이 결정되면 졸업까지 마지막 대학 생활을 보내게 됩니다.

❁ 졸업식

졸업식은 3월에 있습니다. 여학생들은 대개 기모노를 입고 졸업식에 참석하는데, 기모노 위에 하카마(袴)를 덧입습니다. 하카마는 하반신에 두르는 하의입니다.

いっしょに
映画を 見ませんか

동사의 ます형을 활용한 표현을 배워 봅시다.

미리 보기

1. いっしょに サッカーを 見ませんか。
2. いいですね。見ましょう。
3. 喫茶店で お茶でも 飲みましょうか。
4. 病院に 行きますから ちょっと……。
5. 昨日、ドラマを 見ましたか。
6. 本屋へ 本を 買いに 行きます。

1

A: いっしょに サッカーを 見ませんか。

B: いいですね。見ましょう。

2

A: 喫茶店で お茶でも 飲みましょうか。

B: すみません。
これから 病院に 行きますから ちょっと……。

3

A: 昨日、ドラマを 見ましたか。

B: はい、見ました。とても おもしろかったです。

4

A: 午後は 何を しますか。

B: 本屋へ 本を 買いに 行きます。

새 단어

～ませんか ～하지 않겠습니까?   ～ましょう ～합시다   喫茶店 커피숍, 찻집   ～で ～에서〈장소〉   ～でも ～라도

～ましょうか ～할까요?   これから 지금부터   ～に ～에〈장소, 시간〉   ～ました ～었(았)습니다   本屋 서점   ～へ ～로〈방향〉

買う 사다   ～に行く ～하러 가다

야마모토와 김우진이 영화에 대해 이야기하고 있습니다.

山本 今週の 金曜日、いっしょに 映画を 見ませんか。

金 いいですね。見ましょう。どんな 映画が いいですか。

山本 最近 話題の SF映画は 見ましたか。

金 はい、見ましたが、日本語が 難しかったです。

山本 じゃ、もう 一度 見に 行きませんか。

金 ええ。何時に 会いましょうか。

山本 夕方 6時に 駅の 前で 会いましょう。

金 はい。渋谷劇場に 行きますか。

山本 いえ、渋谷劇場より シネシティの ほうが 新しいですから、
シネシティに 行きましょう。

새 단어

金曜日 금요일　**話題** 화제　**SF映画** SF영화　**もう一度** 한 번 더　**会う** 만나다　**夕方** 저녁　**いえ** 아니요, 아뇨

渋谷 시부야〈지명〉　**劇場** 극장　**ほう** 쪽, 편

1 동사의 ます형 + ませんか ~하지 않겠습니까?

「~ません」에 「か」를 붙이면 상대방에게 권유하거나 청하는 표현이 된다. 문장의 끝을 올려서 질문하는 형태로 사용한다. 「~ませんか」는 「~ましょう」보다 상대방의 의향을 존중하는 마음이 강하다.

A : ミュージカルの チケットが ありますが、明日 いっしょに 行きませんか。
　　뮤지컬 티켓이 있는데, 내일 같이 가지 않겠습니까?

B : すみません。明日は 約束が あります。
　　미안합니다. 내일은 약속이 있습니다.

A : すこし 休みませんか。 조금 쉬지 않겠어요?

B : そうですね。疲れましたね。 그래요. 피곤하군요.

A : ちょっと 歩きませんか。 잠깐 걷지 않을래요?

B : はい、いいですね。 네, 좋아요.

---- 새단어 ----

ミュージカル 뮤지컬

チケット 티켓, 표

すこし 조금, 좀

休む 쉬다

疲れる 지치다, 피곤해지다

歩る 걷다

2 동사의 ます형 + ましょう ~합시다

「~ましょう」는 상대방에게 권유하거나 청한 다음에 행동이 정해지면 사용하는 표현이다. 제안과 권유에 대해 응할 때도 쓰인다.

来週の 月曜日に 食べましょう。 다음 주 월요일에 먹읍시다.

一生懸命 日本語の 勉強を しましょう。 열심히 일본어 공부를 합시다.

A : 動物園まで 車で 行きましょう。 동물원까지 차로 갑시다.

B : ええ、そうしましょう。 네, 그렇게 합시다.

---- 새단어 ----

一生懸命 열심히

動物園 동물원

3 동사의 ます형+ました ～었(았)습니다

「～ました」는 「～ます」의 과거표현이고, 「～ませんでした」는 과거부정표현으로 '～하지 않았습니다'라는 뜻이다.

종류	사전형	～ます (～합니다)	～ませんか (～하지 않겠어요?)	～ました (～했습니다)
1그룹동사	書く 쓰다 泳ぐ 헤엄치다 会う 만나다 待つ 기다리다 降る 내리다 死ぬ 죽다 遊ぶ 놀다 飲む 마시다 話す 말하다	書きます 泳ぎます 会います 待ちます 降ります 死にます 遊びます 飲みます 話します	書きませんか 泳ぎませんか 会いませんか 待ちませんか 降りませんか 死にませんか 遊びませんか 飲みませんか 話しませんか	書きました 泳ぎました 会いました 待ちました 降りました 死にました 遊びました 飲みました 話しました
2그룹동사	見る 보다 食べる 먹다	見ます 食べます	見ませんか 食べませんか	見ました 食べました
3그룹동사	する 하다 来る 오다 勉強する 공부하다	します 来ます 勉強します	しませんか 来ませんか 勉強しませんか	しました 来ました 勉強しました

今日は 試験が ありますから、昨日は 夜 9時に 寝ました。
오늘 시험이 있어서, 어제는 밤 9시에 잤습니다.

昨日、友だちと いっしょに 映画を 見ました。
어제 친구와 함께 영화를 보았습니다.

A: **先週の 土曜日、コンサートに 行きましたか。**
　　지난주 토요일, 콘서트에 갔었습니까?

B: **いいえ、仕事が ありましたから、行きませんでした。**
　　아니요, 일이 있었기 때문에 가지 않았습니다.

새 단어
試験 시험

4 동사의 ます형 + ましょうか ~할까요?

「～ましょうか」는「～ませんか」와 같이 권유하거나 청할 때 사용하지만, 같이 하기로 한 행동이 정해지고 나서 행동에 옮길 때 사용하는 표현이다.

A : 手伝いましょうか。 도와드릴까요?
B : はい、ありがとうございます。 네, 감사합니다.
A : 何時に 電話を かけましょうか。 몇 시에 전화 걸까요?
B : いつでも いいです。 언제라도 괜찮습니다.

5 ～に 行きます ~하러 갑니다

동사의 ます형에「に」가 붙고 그 뒤에 이동 동사「行く/来る/帰る」등이 오면 목적을 나타내는 표현 '~하러 가다/오다/돌아가다'라는 뜻이 된다.「～に」앞에는 동사의 ます형 외에 동작을 나타내는 명사(勉強, 食事 등)가 오기도 한다.

A : 誰に 会いに 行きますか。 누구를 만나러 갑니까?
B : 恋人に 会いに 行きます。 애인을 만나러 갑니다.

空港へ 知り合いを 迎えに 行きました。
공항에 아는 사람을 마중하러 갔습니다.

家に 忘れ物を 取りに 帰りました。
집에 두고 온 물건을 가지러 갔습니다.

レストランへ 食事に 行きました。 레스토랑에 식사하러 갔습니다.

6 　〜に 〜에 〈시간/장소〉

「〜に」는 시간과 장소를 나타내는 조사이다. 장소를 나타낼 때는 조사 「〜へ」와 바꿔 쓸 수 있지만 「〜に」는 도착 지점을 「〜へ([e]로 발음)」는 가는 방향을 나타낸다.

7時（しちじ）に 会議（かいぎ）を します。 7시에 회의를 합니다. 〈시간〉

銀行（ぎんこう）は 午後（ごご）4時（よじ）に 終（お）わります。 은행은 오후 4시에 끝납니다. 〈시간〉

新幹線（しんかんせん）で 東京（とうきょう）に(へ) 行（い）きます。 신칸센으로 도쿄에 갑니다. 〈장소〉

研究室（けんきゅうしつ）に(へ) 荷物（にもつ）を 運（はこ）びました。 연구실에 짐을 옮겼습니다. 〈장소〉

새 단어

終（お）わる 끝나다

荷物（にもつ） 짐

運（はこ）ぶ 옮기다, 운반하다

7 　장소＋で 〜에서 〈장소〉

「〜で」는 장소를 나타내는 조사로, 장소를 나타내는 말에 붙어 '~에서'라는 뜻을 나타낸다.
「〜で」는 어떤 행위를 그 장소에서 행한다는 뜻이므로 「〜に」와 혼동하지 않도록 주의한다.

居酒屋（いざかや）で 一杯（いっぱい） 飲（の）みました。 술집에서 한 잔 마셨습니다.

いっしょに ジムで 走（はし）りましょう。 같이 체육관에서 달립시다.

ホテルの ロビーで 会（あ）いましょう。 호텔 로비에서 만납시다.

部屋（へや）で 本（ほん）を 読（よ）みました。 방에서 책을 읽었습니다.

새 단어

居酒屋（いざかや） 술집

一杯（いっぱい） 한 잔, 한잔함

ジム 체육관

보기와 같이 바꿔 봅시다.

1

> 보기 すこし 休(やす)む → すこし 休(やす)みませんか。

① 音(おん)楽(がく)を 聞(き)く

➡ _____

② ケーキを 食(た)べる

➡ _____

③ 部(へ)屋(や)を 掃(そう)除(じ)する

➡ _____

새 단어 音(おん)楽(がく) 음악 聞(き)く 듣다, 묻다 掃(そう)除(じ)する 청소하다

2

> 보기
>
> コーヒー / 飲(の)む / 行(い)く
>
> ➡ A: コーヒーを 飲(の)みに 行(い)きませんか。
>   B: はい、いいですね。飲(の)みましょう。

① テニス / する / 行(い)く

➡ _____

② 映(えい)画(が) / 見(み)る / 行(い)く

➡ _____

③ 服(ふく) / 買(か)う / 行(い)く

➡ _____

3

보기 コンサートへ 行く ➡ A：コンサートへ 行きましたか。

B：いいえ、これから 行きます。

A：いっしょに 行きませんか。

① お昼ごはんを 食べる

➡ _____

② お茶を 飲む

➡ _____

③ 会話の 練習を する

➡ _____

║새단어║ **お昼ごはん** 점심 식사 **会話** 회화 **練習** 연습

4

보기 本屋 / 本 / 買う ➡ 本屋へ 本を 買いに 行きました。

① 友だちの 家 / マンガ / 借りる

➡ _____

② 空港 / 先生 / 見送る

➡ _____

③ 病院 / 友だち / 見舞う

➡ _____

║새단어║ **マンガ** 만화 **借りる** 빌리다 **見送る** 배웅하다 **見舞う** 병문안하다

회화 연습하기

보기와 같이 단어를 바꿔 말해 봅시다.

1

보기

A : a 花見<ruby>花見<rt>はな み</rt></ruby>を b しませんか。

B : いいですね。b しましょう。

A : c 渡辺<ruby>渡辺<rt>わた なべ</rt></ruby>さんも d 誘<ruby>誘<rt>さそ</rt></ruby>いましょうか。

B : ええ、そうしましょう。

① a バーベキュー　　b する　　c ビール　　d 買<ruby>買<rt>か</rt></ruby>う

② a コーヒー　　b 飲<ruby>飲<rt>の</rt></ruby>む　　c ケーキ　　d 食<ruby>食<rt>た</rt></ruby>べる

③ a 誕生<ruby>誕生<rt>たん じょう</rt></ruby>パーティー　　b 開<ruby>開<rt>ひら</rt></ruby>く　　c 部屋<ruby>部屋<rt>へ や</rt></ruby>　　d 飾<ruby>飾<rt>かざ</rt></ruby>る

새단어 花見<ruby>花見<rt>はな み</rt></ruby> 꽃놀이　誘<ruby>誘<rt>さそ</rt></ruby>う 권하다, 꾀다　バーベキュー 바비큐　誕生<ruby>誕生<rt>たん じょう</rt></ruby>パーティー 생일 파티　開<ruby>開<rt>ひら</rt></ruby>く 열다　飾<ruby>飾<rt>かざ</rt></ruby>る 장식하다

2

보기

A : 昨日<ruby>昨日<rt>きのう</rt></ruby>は 何<ruby>何<rt>なに</rt></ruby>を しましたか。

B : a 図書館<ruby>図書館<rt>と しょ かん</rt></ruby>へ b 本<ruby>本<rt>ほん</rt></ruby>を 借<ruby>借<rt>か</rt></ruby>りに 行<ruby>行<rt>い</rt></ruby>きました。

A : 何<ruby>何<rt>なに</rt></ruby>を c 借<ruby>借<rt>か</rt></ruby>りましたか。

B : d 日本語<ruby>日本語<rt>に ほん ご</rt></ruby>の 小説<ruby>小説<rt>しょう せつ</rt></ruby>を c 借<ruby>借<rt>か</rt></ruby>りました。

① a デパート　　　　　　　　b プレゼントを 買<ruby>買<rt>か</rt></ruby>う
　 c 買<ruby>買<rt>か</rt></ruby>う　　　　　　　　　　d マフラー

② a 友<ruby>友<rt>とも</rt></ruby>だちの 家<ruby>家<rt>いえ</rt></ruby>　b お土産<ruby>土産<rt>みやげ</rt></ruby>を 渡<ruby>渡<rt>わた</rt></ruby>す c 渡<ruby>渡<rt>わた</rt></ruby>す　　d お菓子<ruby>菓子<rt>か し</rt></ruby>

③ a 新宿<ruby>新宿<rt>しん じゅく</rt></ruby>　b 食事<ruby>食事<rt>しょく じ</rt></ruby>を する　c 食<ruby>食<rt>た</rt></ruby>べる　d フランス料理<ruby>料理<rt>りょう り</rt></ruby>

새단어 小説<ruby>小説<rt>しょう せつ</rt></ruby> 소설　プレゼント 선물　マフラー 목도리, 머플러　渡<ruby>渡<rt>わた</rt></ruby>す 건네다　フランス料理<ruby>料理<rt>りょう り</rt></ruby> 프랑스 요리

듣기 연습하기

1 잘 듣고 빈칸을 채워 봅시다.

① A: 誰に 会いに 行きますか。
　 B: 恋人に (　　　　　　　　　) 行きます。

② A: 何を しに 行きますか。
　 B: 先生を (　　　　　　　　) 行きます。

③ A: 何を しに 行きますか。
　 B: 公園へ (　　　　　　　　) 行きます。

④ A: 何を しに 行きますか。
　 B: プールへ (　　　　　　　) 行きます。

2 잘 듣고 내용과 그림이 일치하면 ○, 틀리면 ×해 봅시다.

①

(　　　)

②

(　　　)

③

(　　　)

④

(　　　)

小林さんと 李さんは 今週の 金曜日の 夜、映画を 見に 行きます。見に 行く 映画は 最近 話題の SF映画です。李さんは その 映画を 見ましたが、日本語が 難しかったです。もう 一度 見に 行きます。金曜日の 夜は 小林さんと 8時に 駅の 前で 会います。

1 どれが ただしいですか。

① 李さんは 金曜日の 夜、小林さんと 最近 話題の SF映画を 見に 行きます。

② 李さんも 小林さんも 最近 話題の 映画を はじめて 見ます。

③ 李さんと 小林さんは 映画館の 前で 会います。

④ 李さんは その 映画を 一度 見ましたが、日本語は 難しく なかったです。

2 李さんは どうして もう 一度 SF映画を 見に 行きますか。

① 李さんは SF映画が 好きですから、もう 一度 見に 行きます。

② 話題の SF映画は とても おもしろいですから、もう 一度 見に 行きます。

③ 金曜日は 暇ですから もう 一度 見に 行きます。

④ 日本語が 難しくて わかりませんでしたから、もう 一度 見に 行きます。

새단어 | **はじめて** 처음으로 **映画館** 영화관 **一度** 한 번 **どうして** 왜, 어째서 **わかる** 알다, 이해하다

キム
金さんの 写真が
み
見たいです

희망 표현을 배워 봅시다.

① 今 何が 一番 ほしいですか。
② 日曜日に どこに 行きたいですか。
③ 毎日 韓国の ドラマを 見ながら 勉強します。
④ 外国へ よく 行きますか。

1

A: 今 何が 一番 ほしいですか。

B: 恋人が ほしいです。

2

A: 日曜日に どこに 行きたいですか。

B: デパートへ 買い物に 行きたいです。

3

A: 毎日、韓国語の 勉強を しますか。

B: はい、毎日 韓国の ドラマを 見ながら 勉強します。

4

A: 外国へ よく 行きますか。

B: はい、よく 出張に 行きます。

새단어

一番 가장, 제일 **ほしい** 갖고 싶다, 원하다 **〜たい** 〜하고 싶다 **買い物** 쇼핑 **毎日** 매일 **〜ながら** 〜하면서 **よく** 자주, 잘
出張 출장

고바야시와 김우진, 야마모토가 김우진의 취미에 대해 이야기하고 있습니다.

小林　金さんは 今 何が 一番 ほしいですか。

金　新しい カメラが ほしいです。私の 趣味は 写真ですから。

山本　どんな 写真を よく 撮りますか。

金　風景です。週末は たいてい 散歩しながら 公園で 花や 鳥を
撮ります。

小林　そうですか。金さんの 写真が 見たいです。

金　いいですよ。今度 見せますね。山本さんと 小林さんも
いっしょに 写真を 撮りに 行きませんか。

山本　はい、行きたいです。今週の 週末も 写真を 撮りに
行きますか。

金　はい、行きます。

새 단어

写真 사진　**撮る** 찍다　**風景** 풍경　**週末** 주말　**たいてい** 대체로, 대개　**散歩する** 산책하다　**～や** ～이랑, ～이나
今度 다음 번, 이번　**見せる** 보이다

문형 쏙! 정리하기

1 ～が ほしいです ～을/를 원합니다, 갖고 싶습니다

「～が ほしいです」는 희망 표현으로 말하는 사람의 소유하고 싶은 욕구를 나타낸다.「ほしい」
앞에는 조사「が」를 사용하므로「を」를 쓰지 않도록 주의한다. 상대의 희망 사항을 물을 때도 사
용하며, 제3자의 희망을 나타낼 때는「～を ほしがる(～을/를 갖고 싶어 하다)」를 쓴다.

いい 辞書が ほしいです。 좋은 사전을 갖고 싶습니다.

のどが 渇きました。お茶が ほしいです。
목이 마릅니다. 차를 마시고 싶습니다.

今は 何も ほしく ないです。 지금은 아무것도 갖고 싶지 않습니다.

もっと 大きい かばんが ほしかったです。
더 큰 가방을 갖고 싶었습니다.

弟は 新しい タブレットを ほしがって います。
남동생은 새로운 태블릿을 갖고 싶어 합니다.

새단어

のど 목
渇く 마르다, 건조하다
もっと 더, 좀 더
ほしがる
(제3자가) 갖고 싶어 하다

----

2 よく 자주 / 잘

「よく」는 빈도(자주)와 정도(잘)를 나타내는 부사이다.「よく」외에 빈도를 나타내는 부사로는
「ときどき(가끔)」와「たまに(이따금)」가 있다. 빈도가 많은 순서부터 나타내면「よく(자주) →
ときどき(가끔) → たまに(이따금)」가 된다.

英語の 小説を よく 読みますか。 영어 소설을 자주 읽습니까? 〈빈도〉
昔は 居酒屋に よく 行きました。 예전에는 술집에 자주 갔었습니다. 〈빈도〉

よく わかりません。 잘 모르겠습니다. 〈정도〉
難しいですから、よく 考えました。 어렵기 때문에 잘 생각했습니다. 〈정도〉

새단어

昔 옛날
考える 생각하다

----

3 동사의 ます형＋ながら ~하면서

「〜ながら」는 하나의 행동을 하면서 동시에 다른 동작을 하는 것을 나타내는 표현으로 동사의 ます
형에 접속한다. 「〜ながら」는 한국어의 '~하면서'에 해당하지만, 쓰임이 다른 경우가 있으므로 주의
해야 한다. 구체적으로 같은 행동이 반복되는 경우, 예를 들면 음악을 듣거나 책을 읽거나 하는 행동
에는 「〜ながら」를 붙일 수 있지만 「行く, 座る」와 같이 행동을 반복하지 않는 경우는 「〜ながら」
를 쓸 수 없다.

夕食の ときは、テレビを 見ながら ご飯を 食べます。
저녁 식사 때는, 텔레비전을 보면서 밥을 먹습니다.

ピアノを ひきながら 歌を 歌います。 피아노를 치면서 노래를 부릅니다.

ＩＴの 会社で 働きながら 勉強しました。 IT 회사에서 일하면서 공부했습니다.

新聞を 読みながら コーヒーを 飲みます。 신문을 읽으면서 커피를 마십니다.

電車に 乗って 行きながら 本を 読みました。(×)
(→ 電車の 中で、本を 読みました。)
전철을 타고 가면서 책을 읽었습니다. (→ 전철 안에서 책을 읽었습니다.)

座りながら 話しましょう。(×)
(→ 座って 話しましょう。) (○)
앉으면서 이야기합시다. (→ 앉아서 이야기합시다.)

.... 새 단어 ....

夕食 저녁 식사

ご飯 밥

ピアノ 피아노

ひく (악기를) 연주하다

ＩＴ 정보기술
(Information Technology)

働く 일하다

発音 발음

4 동사의 ます형 + たいです ~하고 싶습니다

「～たい」는 말하는 사람의 욕구를 나타내는 표현으로 동사의 ます형에 접속하며, い형용사와 같이 활용한다. 자신의 마음을 나타낼 때도 쓰고 듣는 사람에게 물을 때도 쓰는데, 조사는 「が」와 「を」를 사용한다. 제3자의 욕구를 나타낼 때는 「동사의 ます형+たがる(~하고 싶어 하다)」를 쓴다.

小学校の 同級生に 会いたいです。 초등학교 동창생을 만나고 싶습니다.

新しい コンピューターが(を) 買いたいですが、お金が ありません。
새 컴퓨터를 사고 싶지만, 돈이 없습니다.

おなかが いっぱいですから 何も 食べたく ないです。
배가 불러서 아무것도 먹고 싶지 않습니다.

写真が(を) 撮りたかったですが、時間が ありませんでした。
사진을 찍고 싶었지만, 시간이 없었습니다.

姉は コートを 買いたがって います。 언니는 코트를 사고 싶어 합니다.

새 단어

小学校 초등학교
同級生 동창생, 동급생

おなか 배

いっぱい
가득 참, 많이 있음

姉 (자신의) 언니, 누나

コート 코트

～たがる (제3자가)
~하고 싶어 하다

문형 연습하기

1 보기와 같이 바꿔 봅시다.

> **보기**
>
> 服 / 赤い　→　A：どんな 服が ほしいですか。
>
> 　　　　　　　B：赤い 服が ほしいです。

① かばん / 大きい

➡ _____

② 恋人 / ハンサムだ

➡ _____

③ タブレット / 使い方が 簡単だ

➡ _____

2 보기와 같이 바꿔 봅시다.

> **보기**
>
> 買う / 靴 / 服
>
> ➡　A：何が (を) 買いたいですか。
>
> 　　B：靴は 買いたいですが、服は 買いたく ないです。

① 見る / ミュージカル / 映画

➡ _____

② 習う / 生け花 / 書道

➡ _____

③ 食べる / すし / ラーメン

➡ _____

 새단어 習う 배우다　書道 서예

3 보기와 같이 바꿔 봅시다.

> 보기
>
> 音楽を 聞く / 勉強を する
> ➡ 音楽を 聞きながら 勉強を しました。

① テレビを 見る / 運動を する

➡ _____

② 歌を 歌う / おどる

➡ _____

③ お酒を 飲む / 話を する

➡ _____

새단어 ┊ おどる 춤추다

4 보기에서 알맞은 부사를 골라 넣어 봅시다.

> 보기   よく   ときどき   とても   あまり   すこし

① 新宿は _____ にぎやかでした。

② この 問題は _____ わかりません。

③ _____ 友だちと 遊びに 来て ください。

④ ラーメンは _____ おいしく なかったです。

⑤ ここで _____ 休みませんか。

새단어 ┊ 問題 문제

회화 연습하기

보기와 같이 단어를 바꿔 말해 봅시다.

1 보기

A: 今 ほしい ものは ありますか。

B: a 中国語の 辞書が ほしいです。

A: どうしてですか。

B: b 中国の 映画が c 見たいからです。

① a 図書券　　　b 日本語の 教科書が　　　c 買う

② a 彼女　　　b いっしょに クリスマスを　　　c 過ごす

③ a 運転免許　　　b 横浜へ　　　c ドライブを しに 行く

새단어 図書券 도서상품권　教科書 교과서　クリスマス 크리스마스　過ごす 보내다, 지내다　運転免許 운전면허
横浜 요코하마〈지명〉　ドライブ 드라이브

2 보기

A: 昔 よく 何を しましたか。

B: a ギターを ひきながら b 歌を 歌いました。

A: また c 歌いたいですか。

B: いいえ、もう c 歌いたく ないです。

① a 音楽を 聞く　　　b 山に 登る　　　c 登る

② a 学校に 通う　　　b ダンスを 習う　　　c 習う

③ a 勉強する　　　b アルバイトを する　　　c する

새단어 ギター 기타　また 또, 다시　もう 이제, 이미　登る 오르다　通う 다니다　ダンス 춤, 댄스

듣기 연습하기

1 잘 듣고 빈칸을 채워 봅시다.

① A : どんな カメラが ほしいですか。

　B : (　　　　　　　　　　　　　　　　　　　　　)。

② A : 誰と いっしょに 行きたいですか。

　B : (　　　　　　　　　　　　　　　　　　　　　)。

③ A : お茶を 飲みながら 何を しますか。

　B : (　　　　　　　　　　　　　　　　　　　　　)。

④ A : 本屋に よく 行きますか。

　B : (　　　　　　　　　　　　　　　　　　　　　)。

2 잘 듣고 누가 무엇을 했는지 일치하는 그림에 이름을 써 봅시다.

①

(　　　　)さん

②

(　　　　)さん

③

(　　　　)さん

④

(　　　　)さん

다음을 읽고 문제를 풀어 봅시다.

金さんの 趣味は 写真です。今 一番 ほしい ものは カメラです。金さんは 公園を 散歩しながら 鳥や 花の 写真を よく 撮ります。写真は たいてい 週末に 撮りに 行きます。今週の 週末には 山本さんと 小林さんも いっしょに 写真を 撮りに 行きます。

---

1 金さんの 趣味は 何ですか。

① 鳥や 花の 写真を 見る ことです。

② 公園を 散歩する ことです。

③ 鳥や 花の 写真を 撮る ことです。

④ 新しい カメラを 集める ことです。

2 金さんは 今週の 週末、何を しますか。

① 山本さん、小林さんと いっしょに 公園へ 散歩しに 行きます。

② 山本さん、小林さんと いっしょに 写真を 撮りに 行きます。

③ 山本さん、小林さんと いっしょに 鳥や 花の 写真展に 行きます。

④ 山本さん、小林さんと いっしょに カメラを 買いに 行きます。

새 단어 | 写真展 사진전

선물

❀ 오미야게(お土産)와 프레젠트(プレゼント)

「お土産」는 여행 등으로 방문한 지역에서 사온 특산품을 말하고, 「プレゼント」는 생일이나 크리스마스 등에 주고 받는 선물을 가리킵니다.

❀ 선물·포장지의 개봉 방법

일본인으로부터 선물을 받았을 때, 어떻게 열면 좋을까요?

일본 사람은 포장에도 신경을 쓰기 때문에 선물을 준 사람을 생각하여 포장지가 찢어지지 않도록 조심스럽게 열어 봅니다. 포장지를 마구 찢어 버리면 정성스럽게 포장한 사람이 서운해 한다고 생각하기 때문입니다. 예쁘게 포장된 선물을 정성스럽게 열어 보는 것도 또 하나의 즐거움이 될 것입니다.

❀ 계절 인사 선물

계절이 바뀌면 가족, 친지, 친구 등 평소에 신세를 진 사람들에게 선물을 보냅니다. 맥주나 커피 같은 마실 거리나 햄, 과자 등 먹거리, 세제나 식용유, 상품권 등을 보내는 경우가 많습니다.

절기·선물 이름	선물을 보내는 시기
お中元 (백중 / 백중 선물)	6월 하순경부터 7월 15일경까지
お歳暮 (세모, 연말 / 연말 선물)	12월 상순부터 25일경까지
お年賀 (연하 / 신년 선물)	정초부터 1월 15일경까지

4과

<ruby>何<rt>なに</rt></ruby>を <ruby>使<rt>つか</rt></ruby>って
<ruby>作<rt>つく</rt></ruby>りますか

동사의 て형에 대하여 배워 봅시다.

미리 보기

❶ デパートに <ruby>行<rt>い</rt></ruby>って <ruby>買<rt>か</rt></ruby>い<ruby>物<rt>もの</rt></ruby>を します。
❷ どうぞ ゆっくり <ruby>休<rt>やす</rt></ruby>んで ください。
❸ <ruby>塩<rt>しお</rt></ruby>を <ruby>入<rt>い</rt></ruby>れてから よく <ruby>混<rt>ま</rt></ruby>ぜて ください。

1

A: 今週の 日曜日は 何を しますか。

B: デパートに 行って 買い物を します。

2

A: 窓を 閉めましょうか。

B: そうですね。風が 入って 寒いです。

3

A: どうぞ ゆっくり 休んで ください。

B: はい、ありがとうございます。

4

A: これは どう 作りますか。

B: 塩を 入れてから よく 混ぜて ください。

새 단어

～て ～하고, ～해서　窓 창, 창문　閉める 닫다　風 바람　入る 들어오다, 들어가다　ゆっくり 천천히, 푹
～てください ～해 주세요　どう 어떻게　塩 소금　入れる 넣다　～てから ～하고 나서　混ぜる 섞다

이유리가 고바야시에게 선물을 주었습니다.

小林　李さん、こんにちは。どうぞ 入って ください。

李　おじゃまします。あ、これ、どうぞ。

小林　ありがとうございます。何ですか。

李　ヤクパッです。私が 作りました。

小林　お餅ですか。

李　いいえ。ほんのり 甘い 韓国式の おこわです。
　　ラップを かけて 電子レンジで あたためてから 食べて ください。

小林　ありがとうございます。材料は 何を 使って 作りますか。

李　餅米や 栗、ほしぶどう などを 使って 作ります。
　　おいしいですよ。

새 단어

おじゃまする 실례하다, 방문하다, 찾아뵙다　ヤクパッ 약밥　お餅 떡　ほんのり 어렴풋이 느껴지는 모양　韓国式 한국식
おこわ 찰밥　ラップ 랩　かける 씌우다　電子レンジ 전자레인지　あたためる 데우다　材料 재료　餅米 찹쌀　栗 밤
ほしぶどう 건포도

1 동사의 て형

「〜て」는 동사에 붙어 문장과 문장을 연결하는 역할을 하며, '〜하고, 〜해서'라는 뜻으로 쓰인다.
동사가 「〜て」와 연결될 때 동사의 어미가 변한 형태를 동사의 て형 또는 음편형이라고 한다. 동사의 て형은 동사의 종류에 따라 다르게 활용한다.

종류	활용 방법	예
1그룹동사	어미 く → いて ぐ → いで	書く 쓰다 → 書いて 쓰고, 써서 泳ぐ 헤엄치다 → 泳いで 헤엄치고, 헤엄쳐서 예외) 行く 가다 → 行って 가고, 가서
	어미 う・つ・る →って	会う 만나다 → 会って 만나고, 만나서 待つ 기다리다 → 待って 기다리고, 기다려서 降る 내리다 → 降って 내리고, 내려서
	어미 ぬ・ぶ・む →んで	死ぬ 죽다 → 死んで 죽고, 죽어서 遊ぶ 놀다 → 遊んで 놀고, 놀아서 飲む 마시다 → 飲んで 마시고, 마셔서
	어미 す →して	話す 이야기하다 → 話して 이야기하고, 이야기해서
2그룹동사	어미 る →る + て	見る 보다 → 見て 보고, 봐서 食べる 먹다 → 食べて 먹고, 먹어서
3그룹동사	활용이 불규칙함	来る 오다 → 来て 오고, 와서 する 하다 → して 하고, 해서 勉強する 공부하다 → 勉強して 공부하고, 공부해서

顔を 洗って、ご飯を 食べます。 세수를 하고, 밥을 먹습니다.

アルバイトを して、お金を 貯めます。 아르바이트를 해서 돈을 모읍니다.

区役所に 行って、婚姻届を 出しました。
구청에 가서 혼인 신고서를 냈습니다.

お腹が すいて、おにぎりを 買いました。
배가 고파서 주먹밥을 샀습니다.

▧▧▧▧ 새 단어

貯める 모으다
区役所 구청
婚姻届 혼인 신고서
出す 내다, 제출하다
お腹がすく 배가 고프다

2 | 동사의 て형＋て ください ~해 주세요

「～て ください」는 동사의 て형에 접속해 상대방에게 의뢰하거나 부드러운 명령을 할 때 쓰는 표현이다. 손윗사람에게는 쓰지 않는 것이 좋다.

ここに 名前と 住所を 書いて ください。 여기에 이름과 주소를 써 주세요.

明日は 8時に 来て ください。 내일은 8시에 와 주세요.

受付に 行って 聞いて ください。 접수처에 가서 물어 주세요.

もっと ゆっくり 話して ください。 좀 더 천천히 이야기해 주세요.

새단어
名前 이름
住所 주소

3 | 동사의 て형＋てから ~하고 나서

「～てから」는 동사의 て형에 붙어, 앞의 일이 끝나고 뒤의 일이 이루어지는 것을 나타낸다.

メールを 送ってから 出発します。 메일을 보내고 나서 출발하겠습니다.

すこし 休んでから また 始めましょう。 조금 쉬고 나서 또 시작합시다.

手を 洗ってから 食べて ください。 손을 씻고 나서 먹으세요.

シャワーを おびてから ビールを 飲みました。
샤워를 하고 나서 맥주를 마셨습니다.

새단어
メール 이메일, 메일, 우편
送る 보내다
出発する 출발하다
始める 시작하다
手 손
シャワー 샤워
シャワーをあびる 샤워를 하다

문형 연습하기

보기와 같이 바꿔 봅시다.

1

보기	書く → 書きます → 書いて

① 泳ぐ ➡ _____ ➡ _____

② 着る ➡ _____ ➡ _____

③ 来る ➡ _____ ➡ _____

④ 洗濯する ➡ _____ ➡ _____

⑤ 寝る ➡ _____ ➡ _____

⑥ 行く ➡ _____ ➡ _____

⑦ 死ぬ ➡ _____ ➡ _____

⑧ 話す ➡ _____ ➡ _____

║새단어║ 洗濯する 세탁하다

2

보기	家に 帰る / ご飯を 食べる ➡ 家に 帰って、ご飯を 食べました。

① 地下鉄に 乗る / 会社に 行く

➡ _____

② お金を 入れる / ボタンを 押す

➡ _____

③ 会社に 行く / 仕事を する

➡ _____

║새단어║ ボタン 버튼 押す 누르다

50

3

보기 | ドアを 開ける → A: ドアを 開けましょうか。
B: はい、開けて ください。

① 電気を つける

➡ _____

② 写真を 撮る

➡ _____

③ コピーを とる

➡ _____

새 단어 | 開ける 열다　電気 전기, 전등　電気をつける 전기를 켜다　コピー 카피, 복사　コピーをとる 복사하다

4

보기 | 手を 洗う / 食べて ください
→ 手を 洗ってから、食べて ください。

① 宿題する / 寝ました

➡ _____

② 母に 会う / 買い物に 行きます

➡ _____

③ 電話を かける / 行きましょうか

➡ _____

새 단어 | 宿題する 숙제하다

회화 연습하기

보기와 같이 단어를 바꿔 말해 봅시다.

1　보기

A: 週末は 何を しますか。

B: a 温泉に 行って b ゆっくり 休みます。田中さんは？

A: c デパートに 行って d 買い物を します。

B: そうですか。

① a 彼氏に 会う 　　　　　 b 映画を 見る

　 c 公園に 行く 　　　　　 d 写真を 撮る

② a 友だちを 呼ぶ 　　　　 b パーティーを する

　 c 本を 読む 　　　　　　 d レポートを 書く

‖새 단어 ‖ 彼氏 남자 친구　呼ぶ 부르다　パーティー 파티

2　보기

A: 手伝いましょうか。

B: ありがとうございます。じゃ、a 野菜を 切って ください。

A: はい。

B: 次に b 油を ひいてから、c 炒めて ください。

① a お湯を わかす 　　 b 塩を 入れる 　　 c 材料を ゆでる

② a 荷物を まとめる 　 b ひもで しばる 　 c あちらに 運ぶ

③ a 食器を しまう 　　 b ふきんを しぼる 　c テーブルを ふく

‖새 단어 ‖ 野菜 채소　次に 다음에는　油 기름　油をひく 기름을 치다　炒める 볶다　わかす 끓이다　ゆでる 삶다
まとめる 정리하다　ひも 끈　しばる 묶다　食器 식기　しまう 치우다, 간수하다　ふきん 행주
しぼる 짜다　ふく 훔치다, 닦다

듣기 연습하기

1 잘 듣고 빈칸을 채워 봅시다.

① A : 昨日は 何を しましたか。

　B : (　　　　　　　　　　　　　　) 遊びました。

② A : 昨日は 何を しましたか。

　B : (　　　　　　　　　　　　　　) ゲームを しました。

③ A : 昨日は 何を しましたか。

　B : (　　　　　　　　　　　　) 歌いました。

④ A : 何を 手伝いましょうか。

　B : 荷物を (　　　　　　　　　　　　　　)。

2 이유리 씨의 하루 일과입니다. 잘 듣고 일과에 맞게 그림을 순서대로 나열해 봅시다.

①

②

③

④

 → → →

다음을 읽고 문제를 풀어 봅시다.

李さんは 山本さんの 家に お土産の ヤクパッを 持って 遊びに 行きました。ヤクパッは 李さんが 餅米や 栗などを 使って 作りました。山本さんは ヤクパッを はじめて 見ましたから、李さんが ヤクパッの 説明を しました。ヤクパッは お餅では ありません。ほんのり 甘い 韓国式の おこわです。電子レンジで あたためてから 食べます。

1　どれが ただしいですか。

① 李さんは お餅を 持って 山本さんの 家に 遊びに 行きました。

② 山本さんは ヤクパッを 持って 李さんの 家に 遊びに 行きました。

③ 李さんは ヤクパッを 持って 山本さんの 家に 遊びに 行きました。

④ 山本さんは お餅を 持って 李さんの 家に 遊びに 行きました。

2　どれが ただしいですか。

① ヤクパッは お餅ですから 餅米を 使って 作ります。

② ヤクパッは ほんのり 甘い 韓国式の おこわで 李さんの お土産です。

③ 韓国式の お餅は 餅米や 栗などを 使って 作ります。

④ お餅は 山本さんが 餅米を 使って 作りました。

새단어　持つ 들다, 가지다　説明 설명

5과

<ruby>貿易会社<rt>ぼう えき がい しゃ</rt></ruby>で
<ruby>働<rt>はたら</rt></ruby>いて います

동사의 て형을 활용한 표현을 배워 봅시다.

미리 보기

❶ <ruby>誰<rt>だれ</rt></ruby>から <ruby>使<rt>つか</rt></ruby>い<ruby>方<rt>かた</rt></ruby>を <ruby>習<rt>なら</rt></ruby>いましたか。
❷ <ruby>田中<rt>た なか</rt></ruby>さんは <ruby>何<rt>なに</rt></ruby>を して いますか。
❸ それで <ruby>忙<rt>いそが</rt></ruby>しいんですね。
❹ いいえ、<ruby>忘<rt>わす</rt></ruby>れて しまいました。

1

A: 誰から 使い方を 習いましたか。

B: 兄から 習いました。

2

A: 田中さんは 何を して いますか。

B: 田中さんは 今 レポートを 書いて います。

A: それで 忙しいんですね。

3

A: 課長は 車を 持って いますか。

B: いいえ、持って いません。

4

A: 宿題は しましたか。

B: いいえ、忘れて しまいました。

새 단어

~から ~으로부터, ~한테　　~方 ~하는 방법　　~ている ~하고 있다〈동작의 진행〉, ~해 있다〈결과의 상태〉　　それで 그래서
忙しい 바쁘다　　課長 과장(님)　　忘れる 잊다, 잊어버리다　　~てしまう ~해 버리다, ~하고 말다

고바야시와 이유리가 이유리의 가족에 대해 이야기하고 있습니다.

小林　お母さんから ヤクパッの 作り方を 習いましたか。

李　はい、母は 料理が 上手です。

　　それで、母から ヤクパッの 作り方を 習いました。

小林　そうですか。お父さんは どんな 方ですか。

李　父は すこし きびしいです。今は 貿易会社で 働いて います。

小林　兄弟は いますか。

李　はい、兄と 妹が います。
　　兄は コンピューター会社で 働いて いましたが、辞めて
　　しまいました。妹は 大学で 英語を 勉強して います。

小林　お兄さんは 結婚して いますか。

李　いいえ、まだ 結婚して いません。

새단어

作り方 만드는 법　方 분　兄弟 형제　コンピューター会社 컴퓨터 회사　辞める 그만두다　結婚する 결혼하다

1 동사의 ます형+方 ~하는 (방)법

「~方」는 동사의 ます형에 붙어서 '~하는 방법'이라는 뜻을 나타낸다.

お金の おろし方を 教えて ください。 돈 찾는 법을 가르쳐 주세요.

カメラは 使い方が 簡単な ほうが いいです。

카메라는 사용법이 간단한 편이 좋습니다.

鈴木先生の 教え方は おもしろいです。

스즈키 선생님의 가르치는 방법은 재미있습니다.

ひらがなの 書き方が 習いたいです。

히라가나 쓰는 법을 배우고 싶습니다.

새 단어

おろす
(돈을) 찾다, 인출하다

ひらがな 히라가나
書き方 쓰는 법

2 それで 그래서

「それで」는 접속사로서 앞에서 말한 내용에 대한 이유, 원인을 설명할 때 쓰는 표현이다.

風邪を ひきました。 それで 会社を 休みました。

감기에 걸렸습니다. 그래서 회사를 쉬었습니다.

お酒を 飲みました。 それで 頭が 痛いです。

술을 마셨습니다. 그래서 머리가 아픕니다.

兄は ギターが 上手です。 それで 兄から ギターの ひき方を 習いました。

형은 기타를 잘 칩니다. 그래서 형에게 기타 치는 법을 배웠습니다.

私は 海が 好きです。 それで よく 海に 行きます。

나는 바다를 좋아합니다. 그래서 자주 바다에 갑니다.

새 단어

風邪 감기
風邪をひく
감기에 걸리다
痛い 아프다
ひき方 치는 법

3 동사의 て형 + て います ~하고 있습니다 <동작의 진행>

「~て います」는 동사의 て형에 접속해 어떤 동작이 진행 중인 것을 나타내고, 장기간에 걸쳐 같은 동작이 반복하는 경우도 나타내며, 직업이나 신분을 나타내기도 한다.

展示会で ピカソの 絵を 見て います。
전시회에서 피카소 그림을 보고 있습니다.

最近 ダンスを 習って います。 요즘 댄스를 배우고 있습니다.

A : お父さんは 今 銀行で 働いて いますか。
아버지는 지금 은행에서 일하고 계십니까?

B : 父は 以前 銀行で 働いて いましたが、今は 働いて
いません。 아버지는 이전에 은행에서 일했지만, 지금은 일하지 않습니다.

―――――― 새 단어

ピカソ 피카소

絵 그림

以前 이전, 전

4 동사의 て형 + て います ~해 있습니다 <결과의 상태>

「~て います」는 동작의 진행과 같이 동사의 て형에 접속해 어떤 동작이 이루어져 그 결과 상태가 남아 있는 것을 나타낸다.

スミスさんは 東京に 住んで います。 스미스 씨는 도쿄에 살고 있습니다.

コーヒーに 砂糖が 入って います。 커피에 설탕이 들어 있습니다.

A : 山田先生は 結婚して いますか。 야마다 선생님은 결혼했습니까?

B1: はい、結婚して います。 네, 결혼했습니다.

B2: いいえ、結婚して いません。 아니요, 결혼하지 않았습니다.

(※ 結婚しませんでした로 하지 않도록 주의해야 한다.)

―――――― 새 단어

住む 살다

砂糖 설탕

5 동사의 て형＋て しまいます ~해 버립니다, ~하고 맙니다

「~て しまいます」는 동사의 て형에 접속하여 동작의 완료를 나타내고, 후회나 유감의 뜻을 나타내기도 한다. 회화체에서는 ~ちゃいました(じゃいました), ~ちゃった(じゃった) 등의 축약형이 쓰인다.

でんしゃ なか さいふ お
電車の 中で 財布を 落として しまいました。
전철 안에서 지갑을 잃어버렸습니다.

いっぽん の
ワインを 1本 飲んで しまいました。
와인을 한 병 마셔 버렸습니다.

ほん   ぜんぶ よ
本が おもしろくて 全部 読んで しまいました。
책이 재미있어서 전부 읽어 버렸습니다.

い
バスが 行っちゃいました。 버스가 가 버렸습니다.

┈┈┈┈┈┈ 새 단어 ┈┈┈┈┈┈

お
落とす
분실하다, 잃어버리다

ぜんぶ
全部 전부

~ちゃう
~해 버리다, ~하고 말다
〈~てしまう의 축약형〉

문형 연습하기

보기와 같이 바꿔 봅시다.

보기	何を 書く / 手紙を 書く →	A : 何を 書いて いますか。 B : 手紙を 書いて います。

① 何を する / お酒を 飲む

➡ _____

② 何を 見る / 日本の ドラマを 見る

➡ _____

③ 何を 着る / コートを 着る

➡ _____

새 단어 | 手紙 편지

보기	走る / 電車が 行く → 走りましたが、電車が 行って しまいました。

① 名前を 聞く / 忘れる

➡ _____

② 気を つける / 風邪を ひく

➡ _____

③ がんばる / 試験に 落ちる

➡ _____

새 단어 | 気をつける 조심하다 がんばる 열심히 하다, 분발하다 落ちる 떨어지다

3

ケーキを 作る / 習う

→ ケーキの 作り方を 習いました。

① お茶を 入れる / 教える

→ _____

② 漢字を 読む / 勉強する

→ _____

③ 問題を 解く / 聞く

→ _____

새 단어 　お茶を入れる 차를 끓이다　漢字 한자　解く (문제 등을) 풀다

4

タバコを 吸う / 部屋が くさい

→ タバコを 吸いました。それで 部屋が くさいです。

① ご飯を たくさん 食べる / 眠い

→ _____

② クーラーを つける / すずしい

→ _____

③ 部屋を 掃除する / きれいだ

→ _____

새 단어 　タバコ 담배　吸う (담배를) 피우다, 들이마시다　くさい 냄새가 나다　眠い 졸리다　クーラー 에어컨
クーラーをつける 에어컨을 켜다

회화 연습하기

보기와 같이 단어를 바꿔 말해 봅시다.

1 **보기**

A: ちょっと a <u>消しゴム</u>を 貸して ください。
B: 今、田中さんが b <u>使って</u> います。
A: じゃ、c <u>修正テープ</u>は ありますか。
B: c <u>修正テープ</u>は d <u>テープが なくなって</u> しまいました。

① a 名簿　　　　b 見る　　　c データファイル　　d データが 消失する
② a スクーター　　b 乗る　　　c 自転車　　　　d タイヤが パンクする
③ a 鍵　　　　　b 持つ　　　c 予備の 鍵　　　d なくす

새단어 貸す 빌려 주다　修正テープ 수정테이프　テープ 테이프　なくなる 없어지다　名簿 명부
データファイル 데이터 파일　データ 데이터　消失する 소실되다　スクーター 스쿠터
タイヤ 타이어　パンクする 터지다　予備 예비　なくす 잃어버리다

2 **보기**

A: a <u>バイク</u>は b <u>持って</u> いますか。
B: はい、b <u>持って</u> います。
A: じゃ、c <u>車</u>は b <u>持って</u> いますか。
B: いいえ、b <u>持って</u> いません。

① a 梅の 花　　　　b 咲く　　　c 桜の 花
② a デパート　　　b 混む　　　c スーパー
③ a ハンカチ　　　b 乾く　　　c タオル

새단어 バイク 오토바이　梅 매화나무　咲く 피다　桜 벚나무　混む 붐비다　ハンカチ 손수건　タオル 수건

듣기 연습하기

1　잘 듣고 빈칸을 채워 봅시다.

① A : 誰から 料理の 作り方を 習いましたか。

　B :（　　　　　　　　　　　　　　　）。

② A : 金さんは もう 結婚して いますか。

　B : いいえ、（　　　　　　　　　　　　　）。

③ A : お姉さんは 何を して いますか。

　B :（　　　　　　　　　　　　　　　）。

④ A : 家に 電話を かけましたか。

　B : あ、（　　　　　　　　　　　　　　）。

2　버스 안에서 무엇을 하고 있을까요? 잘 듣고 내용과 그림과 일치하면 ○, 틀리면 ×해 봅시다.

①（　　　　　）　②（　　　　　）

③（　　　　　）　④（　　　　　）

▌새단어 ▌ お姉さん (남의) 언니, 누나

李さんの お父さんは 貿易会社で 働いて います。すこし きびしい 性格です。お母さんは 料理が 上手です。李さんは ヤクパッの 作り方を お母さんから 習いました。李さんの 妹は 大学で 英語を 勉強して います。お兄さんは コンピューター会社で 働いて いましたが、辞めて しまいました。お兄さんは 独身です。

1 どれが ただしいですか。

① 李さんの お姉さんは 大学で 英語を 勉強して います。

② 李さんの お父さんは 貿易会社で 働いて います。

③ 李さんの お兄さんは コンピューター会社で 働いて います。

④ 李さんの お母さんは すこし きびしい 性格です。

2 李さんの お兄さんは 結婚して いますか。

① はい、結婚して います。

② いいえ、結婚して います。

③ はい、結婚して いません。

④ いいえ、結婚して いません。

새 단어 性格 성격 独身 독신

일본의 식탁 문화

한국도 일본도 쌀을 주식으로 하고 젓가락을 사용하는 것은 같지만, 그릇의 재질이나 배열 방식, 먹는 법 등에는 다른 점이 있습니다. 일본은 일반적으로 밥은 사기그릇을, 국은 나무 그릇을 사용하고 밥을 담는 식기를 고한차완(ご飯茶碗)이나 차완(茶碗), 국물용 식기를 오완(お碗)이나 시루완(汁碗)이라고 말합니다. 밥과 국을 먹을 때는 그

릇을 들고 먹으며, 국물 종류는 국그릇에 입을 갖다 대고 마십니다. 반찬은 1인분씩 나누어 담고, 큰 접시에 담은 공용 반찬은 앞접시(取り皿)를 준비해서 개인용의 작은 접시에 긴 젓가락(取り箸)으로 덜어 먹습니다. 또, 옛날부터 일본의 식탁은 한 가지 국(주로 된장국)에 반찬 세 가지가 기본으로 되어 있습니다. 이것을 「一汁三菜」라고 합니다.

일본의 젓가락은 대부분 나무나 대나무로 되어 있습니다. 젓가락 아래에 놓여져 있는 것을 젓가락 받침대(箸置き)라고 하는데, 젓가락이 굴러가지 않도록 합니다. 젓가락 받침대를 사용할 때는 젓가락을 들기 쉽도록 두꺼운 부분을 오른쪽으로 놓습니다. 식사 도중에 젓가락을 놓을 때도 식탁이나 테이블이 더러워지지 않도록 젓가락 받침대 위에 놓습니다.

젓가락을 사용할 때 음식을 찍어서 먹거나 젓가락에 묻은 음식을 빠는 것은 식사 예절에 어긋나는 것이므로 주의합니다. 그리고 젓가락으로 음식을 주고 받는 것 또한 주의해야 할 행동입니다. 이것은 시신을 화장한 후 뼈를 모을 때 젓가락으로 주고받아 유골함에 넣는 풍습때문에 젓가락으로 음식을 주고받는 것은 불길하다고 생각해서 금기시하고 있습니다.

동사의 종류

종류	특징
1그룹동사	어미가 「る」로 끝나지 않거나, 어미가 「る」로 끝나고 바로 앞이 あ, う, お단인 동사
2그룹동사	어미가 「る」로 끝나고 「る」 앞 글자가 い단이나 え단인 동사
3그룹동사	来る, する

동사의 ます형

종류	활용 방법
1그룹동사	어미 う단 → い단+ます
2그룹동사	어미 る → る+ます
3그룹동사	来る → 来ます する → します

- **どんな＋名詞**   어떠한, 무슨+명사
- **동사 사전형＋名詞**   ~할+명사, ~하는+명사
- **～ません**   ~하지 않습니다
- **～で**   ~(으)로 〈수단〉
- **～ませんか**   ~하지 않겠습니까?
- **～ましょう**   ~합시다
- **～ました**   ~었(았)습니다
- **～ましょうか**   ~할까요?
- **～に 行きます**   ~하러 갑니다
- **～に**   ~에 〈시간/장소〉
- **～で**   ~에서 〈장소〉
- **～が ほしいです**   ~을(를) 원합니다, 갖고 싶습니다
- **よく**   자주 / 잘

- **～ながら**   ~하면서
- **～たいです**   ~하고 싶습니다

동사의 て형

종류	활용 방법
1그룹동사	어미 く → いて 어미 ぐ → いで 어미 う・つ・る → って 어미 ぬ・ぶ・む → んで 어미 す → して
2그룹동사	어미 る → る+て
3그룹동사	来る → 来て する → して

- **～て ください**   ~해 주세요
- **～てから**   ~하고 나서
- **～方**   ~하는 (방)법
- **それで**   그래서
- **～て います**   ~하고 있습니다 〈동작의 진행〉
~해 있습니다 〈결과의 상태〉
- **～て しまいます**   ~해 버립니다, ~하고 맙니다

1 보기와 같이 바꿔 봅시다.

> 보기
>
> 本屋に 行く → 本屋に 行きます → 本屋に 行きたいです
> → 本屋に 行きませんか → 本屋に 行って ください

① テレビを 見る → _____ → _____
→ _____ → _____

② 家に 帰る → _____ → _____
→ _____ → _____

③ プールで 泳ぐ → _____ → _____
→ _____ → _____

④ 水泳の 練習を する → _____ → _____
→ _____ → _____

2 보기에서 알맞은 조사를 골라 넣어 봅시다.

> 보기   も   が   を   に   で   の

① 暑いですから 水_____ ほしいです。

② 空港へ お客さん_____ 迎え_____ 行きます。

③ インターネット_____ 韓国_____ ニュース_____ 見ます。

④ 午前 11時_____ ホテル_____ ロビー_____ 会いましょう。

3 보기에서 알맞은 동사를 골라 바꿔 넣어 봅시다.

> | 보기 | 撮^とります　集^{あつ}めます　見^みます　行^いきます　歌^{うた}います　ひきます |
> | --- | --- |
> | | ➡ 私^{わたし}の　趣味^{しゅみ}は　映画^{えいが}を　見^みる　ことです。 |

① 私^{わたし}の　趣味^{しゅみ}は　ピアノを ＿＿＿＿＿＿＿＿＿ ことです。

② 私^{わたし}の　趣味^{しゅみ}は　外国^{がいこく}の　お金^{かね}を ＿＿＿＿＿＿＿＿＿ ことです。

③ 私^{わたし}の　趣味^{しゅみ}は　カラオケで　歌^{うた}を ＿＿＿＿＿＿＿＿＿ ことです。

④ 私^{わたし}の　趣味^{しゅみ}は　写真^{しゃしん}を ＿＿＿＿＿＿＿＿＿ ことです。

4 보기와 같이 바꿔 봅시다.

> | 보기 | すきやきを　食^たべる / 教^{おし}える |
> | --- | --- |
> | | ➡ すきやきの　食^たべ方^{かた}を　教^{おし}えて　ください。 |

① 漢字^{かんじ}を　読^よむ / 覚^{おぼ}える

➡ ＿＿＿＿＿＿＿＿＿＿＿＿＿＿＿＿＿＿＿＿＿＿＿＿＿＿

② メールを　送^{おく}る / 習^{なら}う

➡ ＿＿＿＿＿＿＿＿＿＿＿＿＿＿＿＿＿＿＿＿＿＿＿＿＿＿

③ ドアを　開^あける / 聞^きく

➡ ＿＿＿＿＿＿＿＿＿＿＿＿＿＿＿＿＿＿＿＿＿＿＿＿＿＿

④ お金^{かね}を　おろす / 説明^{せつめい}する

➡ ＿＿＿＿＿＿＿＿＿＿＿＿＿＿＿＿＿＿＿＿＿＿＿＿＿＿

5 보기와 같이 그림을 보고 답해 봅시다.

A : 何_{なに}を して いますか。(手紙_{てがみ}を 書_かく)

B : 手紙_てを 書_かいて います。

①

A : 何_{なに}を して いますか。(電話_{でんわ}を かける)

B : _____

②

A : 何_{なに}を して いますか。(ビールを 飲_のむ)

B : _____

③

A : 何_{なに}を して いますか。(公園_{こうえん}を 散歩_{さんぽ}する)

B : _____

④

A : 何_{なに}を して いますか。(タバコを 吸_すう)

B : _____

⑤

A : 何_{なに}を して いますか。(バスを 待_まつ)

B : _____

タバコを
吸^すっても いいですか

허가와 금지에 대한 표현을 배워 봅시다.

미리 보기

❶ この コンピューターを 使^{つか}っても いいですか。
❷ ここで 写真^{しゃしん}を 撮^とっては いけません。
❸ 飲^のみすぎですよ。
❹ 電話^{でんわ}して みます。

문형 꽉! 잡기

1

A: この コンピューターを 使っても いいですか。

B: はい、いいですよ。どうぞ。

2

A: ここで 写真を 撮っても いいですか。

B: いいえ、ここで 写真を 撮っては いけません。

3

A: 一人で ウイスキーを 2本 飲んで しまいました。

B: ええ! 飲みすぎですよ。

4

A: 田中さんが いません。

B: そうですか。電話して みます。

새단어

～てもいい ~해도 된다　～てはいけない ~해서는 안 된다　一人で 혼자서　ウイスキー 위스키

飲みすぎ 지나치게 많이 마심, 과음　～すぎ 지나치게 ~함　～てみる ~해 보다

회화로 또! 확인하기

TRACK 22

김우진과 야마모토가 담배에 대해 이야기하고 있습니다.

金 山本さん、日本の 会社では 上司の 前で タバコを 吸っても いいですか。

山本 はい、いいです。どうしてですか。

金 韓国では 上司の 前で タバコを 吸っては いけません。

山本 そうですか。日本と 違いますね。
金さんは タバコを 吸いますか。

金 はい、1日 20本くらい 吸います。

山本 ええ！吸いすぎですよ。体に 悪いですよ。

金 そうですね。すこし タバコの 数を 減らして みます。

새 단어

上司 상사　**違う** 다르다　**くらい** 정도　**体** 몸　**数** 수　**減らす** 줄이다

문형 쏙! 정리하기

1 동사의 て형＋ても いいですか ~해도 괜찮습니까?, ~해도 됩니까?

「〜ても いいです」는 허가를 나타내는 표현으로 동사의 て형에 접속한다. 뒤에 か를 붙여 의문문을 만들면 ~해도 됩니까? 라는 허가를 구하는 표현이 된다.

ここに 荷物を 置いても いいですか。 여기에 짐을 놓아도 괜찮습니까?

会議室に 入っても いいですか。 회의실에 들어가도 괜찮아요?

電気を つけても いいですか。 불을 켜도 됩니까?

A： ドアの 前に 車を 止めても いいですか。
　　문 앞에 차를 세워도 괜찮습니까?

B1： ええ、どうぞ 네, 세우세요.

B2： いいえ、だめです。 아니요, 안 됩니다.

새 단어

止める 세우다, 멈추다

だめだ 안 된다

2 동사의 て형＋ては いけません ~해서는 안 됩니다, ~하면 안됩니다

「〜ては いけません」은 금지를 나타내는 표현으로 동사의 て형에 접속한다. 「〜ても いいですか」라는 질문에 대해 강하게 금지할 때 사용하는데 손윗사람에게는 사용하지 않는다. 「〜ては(では)」는 「〜ちゃ(じゃ)」로 축약하기도 하고, 대답할 때는 「〜ては」를 생략해서 「いけません」만을 쓰기도 한다.

A： あの 川で 泳いでも いいですか。 저 강에서 헤엄쳐도 괜찮습니까?

B： あの 川は とても 深いですから、泳いでは いけません。
　　저 강은 매우 깊으므로, 헤엄쳐서는 안 됩니다.

これは あぶないですから、さわっては いけません。
이것은 위험하니까 만지면 안 됩니다.

廊下では 走っちゃ いけません。 복도에서는 뛰어서는 안 됩니다.

子どもは お酒を 飲んじゃ いけません。
어린이는 술을 마시면 안 됩니다.

새 단어

川 강

あぶない 위험하다

さわる 만지다

廊下 복도

74

3

동사의 ます형＋すぎ　지나치게 ~함
동사의 ます형＋すぎる　지나치게 ~하다

동사의 ます형에 「~すぎ」가 붙으면 '지나치게 ~하는 함, 너무 ~하는 함'이라는 명사가 되고, 「~すぎる」가 붙으면 '지나치게 ~하다, 너무 ~하다'라는 동사가 된다.

本田さん、マンガを 読みすぎです。勉強も して ください。
혼다 씨, 만화를 너무 많이 읽고 있네요. 공부도 해 주세요.

A : 今日は スーパーが セールですから、いろいろ 買いました。
　　오늘은 슈퍼가 세일이라서 이것저것 샀습니다.

B : それは 買いすぎです。 그건 너무 많이 샀군요.

働きすぎる ことは 体に よく ないです。
지나치게 일하는 것은 몸에 좋지 않습니다.

昨日は 飲みすぎました。 어제는 너무 마셨습니다. (과음했습니다.)

···················· **새 단어** ····················

セール 세일

いろいろ 여러 가지

···

4

동사의 て형＋て みます　~해 봅니다, ~해 보겠습니다

「~て みます」는 어떤 행동을 시험적으로 해 본다는 뜻을 나타내며, 동사의 て형에 접속한다.

明日、病院に 行って みます。 내일, 병원에 가 보겠습니다.

あの 人に 聞いて みましょう。 그 사람에게 물어봅시다.

ちょっと これを 読んで みて ください。 잠깐 이것을 읽어 봐 주세요.

ハワイに 行って みたいです。 하와이에 가 보고 싶습니다.

···················· **새 단어** ····················

ハワイ 하와이〈지명〉

···

문형 연습하기

보기와 같이 바꿔 봅시다.

1

보기	この コンピューターを 使う
→	A: この コンピューターを 使っても いいですか。
	B: はい、いいですよ。どうぞ。

① ここに ゴミを 捨てる

➡ _____

② ここで 遊ぶ

➡ _____

③ 家に 帰る

➡ _____

새단어 | ゴミ 쓰레기　捨てる 버리다

2

보기	外へ 出る → A: 外へ 出ても いいですか。
	B: いいえ、出ては いけません。

① 車の 中で タバコを 吸う

➡ _____

② この 傘を 借りる

➡ _____

③ テストの とき 教科書を 見る

➡ _____

새단어 | 外 바깥, 밖　出る 나가다

3

> **보기**
>
> お酒を 飲む / 体に 悪い
>
> → <u>お酒の 飲みすぎは、体に 悪いです。</u>

① テレビを 見る / 目に 悪い

→ _____

② 甘いものを 食べる / 歯に 悪い

→ _____

③ 運動を する / 健康に 悪い

→ _____

새 단어 ┃ 目 눈 甘いもの 단 음식, 단것 歯 이, 치아 健康 건강

4

> **보기**
>
> 田中さんが 来る / 電話を する
>
> → A : <u>田中さんが 来ません。</u>
>
> B : <u>電話を して みましょう。</u>

① バスが 来る / 時刻表を 見る

→ _____

② 単語が わかる / 辞書を 引く

→ _____

③ 服が 似合う / 店員の 意見を 聞く

→ _____

새 단어 ┃ 時刻表 시간표 単語 단어 辞書を引く 사전을 찾다 似合う 어울리다 意見 의견

회화 연습하기

보기와 같이 단어를 바꿔 말해 봅시다.

1 보기

A: a 写真を 撮っても いいですか。

B: はい、いいですよ。でも b フラッシュを たいては いけません。

A: はい、わかりました。c 三脚も 使っては いけませんか。

B: いいえ、それは 大丈夫です。

① a ここで 飲みものを 飲む　　b ご飯を 食べる　　c タバコも 吸う
② a 森先生の 研究室に 入る　　b ファイルを 見る　　c 本も 読む
③ a テレビを つける　　b 大きい 音で 聞く　　c ゲームも する

▎새단어　フラッシュ 플래시　フラッシュをたく 플래시를 터뜨리다　三脚 삼각대　音 소리

2 보기

A: 一日 a 何本 タバコを 吸いますか。

B: b ２０本くらいです。

A: c 吸いすぎですよ。

B: はい、d 禁煙して みます。

① a 何杯 コーヒーを 飲む　　b １０杯　　c 飲む　　d 我慢する
② a いくら お金を 使う　　b ２万円　　c 使う　　d 節約する
③ a 何時間 インターネットを する　　b ６時間
　　c する　　d 他の ことを する

▎새단어　禁煙する 금연하다　何杯 몇 잔　我慢する 참다　節約する 절약하다　何時間 몇 시간

78

듣기 연습하기

1 잘 듣고 빈칸을 채워 봅시다.

① A: 部屋の 電気を 消しても いいですか。

   B: (　　　　　　　　　　　　　　　　　　　　　　　　　　　)。

② A: 今日は お風呂に 入っても いいですか。

   B: (　　　　　　　　　　　　　　　　　　　　　　　　　　　)。

③ A: テレビを つけても いいですか。

   B: (　　　　　　　　　　　　　　　　　　　　　　　　　　　)。

④ A: 友だちと いっしょに 行っても いいですか。

   B: (　　　　　　　　　　　　　　　　　　　　　　　　　　　)。

2 다나카 씨가 병원에 갔습니다. 잘 듣고 해도 되는 것에 ○, 하면 안 되는 것에 ×를 해 봅시다.

①

       (　　　)

②

       (　　　)

③

       (　　　)

④

       (　　　)

새단어 消す 끄다　お風呂 목욕탕, 욕조　お風呂に 入る 목욕하다

다음을 읽고 문제를 풀어 봅시다.

日本の 会社では 上司の 前で タバコを 吸っても いいですが、韓国では 上司の 前で タバコを 吸っては いけません。以前、金さんは 一日 ２０本くらい タバコを 吸って いました。一日 ２０本は 吸いすぎですから 先週から 金さんは タバコの 数を 減らして みました。

1 韓国の 会社では 上司の 前で タバコを 吸っては いけませんか。

① はい、吸っても いいです。

② いいえ、吸っても いいです。

③ はい、吸っては いけません。

④ いいえ、吸っては いけません。

2 金さんは 先週から 何を して みましたか。

① 禁煙を して みました。

② 喫煙を して みました。

③ タバコの 数を 増やして みました。

④ タバコの 数を 減らして みました。

새 단어 | 喫煙 흡연　増やす 늘리다

7과

浅草に 行った ことが ありますか

동사의 た형에 대해 배워 봅시다.

미리 보기

① 韓国の ドラマを 見た ことが ありますか。
② テストが 終わった 人は どうしますか。
③ お母さんに 手紙を 出しましたか。

1

A: 韓国の ドラマを 見た ことが ありますか。

B: はい、見た ことが あります。

2

A: 浅草の おこしを 食べた ことが ありますか。

B: いいえ、食べた ことが ありません。

3

A: テストが 終わった 人は どうしますか。

B: 帰っても いいです。

4

A: お母さんに 手紙を 出しましたか。

B: いいえ、まだです。

새 단어

～た ~했다 ～たことがある ~한 적이 있다 浅草 아사쿠사〈지명〉 おこし 밥풀과자 ～に ~에게〈동작, 작용의 대상〉

出す (편지, 신호 등을) 부치다, 보내다

 TRACK 26

고바야시와 이유리가 디즈니랜드와 아사쿠사에 대해 이야기하고 있습니다.

小林　李さんは 東京ディズニーランドに 行った ことが ありますか。

李　　はい、行った ことが あります。

小林　いいですね。私は 行った ことが ありません。

李　　はじめて 日本に 来た 年に 家族と いっしょに 行きました。

小林　じゃ、浅草に 行った ことは ありますか。

李　　はい、あります。店が たくさん あって、そこで 友だちに
　　　あげる お土産を 買いました。

小林　そうですか。浅草は かわいい ものが いっぱい ありますね。
　　　また、行って みましょうか。

李　　はい、そうしましょう。私も また 行って みたいです。

새 단어

東京ディズニーランド 도쿄 디즈니랜드　年 해, 년　家族 가족　あげる 주다

1 동사의 た형

「〜た」는 동사에 붙어 과거 또는 완료의 뜻을 나타낸다. 동사가 「〜た」와 접속할 때 동사의 어미가 변한 형태를 동사의 た형이라고 한다. 동사의 た형은 동사의 て형과 같은 형태로 활용한다.

종류	활용 방법	예
1그룹동사	어미 く → いた ぐ → いだ	書く 쓰다 → 書いた 썼다 泳ぐ 헤엄치다 → 泳いだ 헤엄쳤다 예외) 行く 가다 → 行った 갔다
	어미 う, つ, る → った	会う 만나다 → 会った 만났다 待つ 기다리다 → 待った 기다렸다 降る 내리다 → 降った 내렸다
	어미 ぬ, ぶ, む → んだ	死ぬ 죽다 → 死んだ 죽었다 遊ぶ 놀다 → 遊んだ 놀았다 飲む 마시다 → 飲んだ 마셨다
	어미 す → した	話す 이야기하다 → 話した 이야기했다
2그룹동사	어미 る る → た	見る 보다 → 見た 봤다 食べる 먹다 → 食べた 먹었다
3그룹동사	활용이 불규칙함	来る 오다 → 来た 왔다 する 하다 → した 했다

2 동사의 た형＋た ことが あります ~한 적이 있습니다

「〜た ことが あります」는 경험을 나타내는 표현으로 동사의 た형에 접속한다.

すもうを 見た ことが あります。とても おもしろかったです。
스모를 본 적이 있습니다. 매우 재미있었습니다.

A : 温泉に 行った ことが ありますか。 온천에 간 적이 있습니까?
B : いいえ、一度も ありません。 아니요, 한 번도 없습니다.

A : 韓国の 料理を 作った ことが ありますか。

한국 요리를 만들어 본 적이 있습니까?

B : はい、一度だけ 作った ことが あります。

네, 딱 한 번 만들어 본 적이 있습니다.

새 단어

すもう 스모
一度だけ
딱 한 번, 단 한 번

---

3 동사의 た형+た+명사 ~한+명사

동사의 た형+た는 뒤에 오는 명사를 수식해서 '~한, ~은(ㄴ)'의 뜻을 나타낸다.

ここは 私が 通った 学校です。 여기는 내가 다녔던 학교입니다.

私が 駅に ついた とき、電車は もう 行って しまいました。

내가 역에 도착했을 때, 전철은 이미 가 버렸습니다.

昨日 見た 映画は つまらなかったです。 어제 본 영화는 지루했습니다.

パーティーで 歌った 人は 誰ですか。

파티에서 노래를 부른 사람은 누구입니까?

새 단어

つく 도착하다

---

4 ～に ~에게 <동작, 작용의 대상>

「～に」는 존재의 장소, 시간, 동작의 도달점 등을 나타내는 것 외에 동작, 작용의 대상을 나타낸다.

デパートで 買った プレゼントを 友だちに あげました。

백화점에서 산 선물을 친구에게 주었습니다.

家族に 旅行の 写真を 見せました。 가족에게 여행 사진을 보여 주었습니다.

卒業生に 花を あげました。 졸업생에게 꽃을 주었습니다.

おばあさんに 道を 教えました。 할머니에게 길을 가르쳐 주었습니다.

새 단어

卒業生 졸업생
道 길

문형 연습하기

1 보기와 같이 바꿔 봅시다.

> **보기** 行きます ➡ 行って ➡ 行った

① 帰ります ➡ _____ ➡ _____

② 調べます ➡ _____ ➡ _____

③ 手伝います ➡ _____ ➡ _____

④ 乗ります ➡ _____ ➡ _____

⑤ 準備します ➡ _____ ➡ _____

⑥ 教えます ➡ _____ ➡ _____

⑦ 走ります ➡ _____ ➡ _____

⑧ 来ます ➡ _____ ➡ _____

⑨ 立ちます ➡ _____ ➡ _____

⑩ 作ります ➡ _____ ➡ _____

새단어 調べる 조사하다 準備する 준비하다 立つ 서다

2 보기에서 알맞은 조사를 골라 넣어 봅시다.

> **보기** に で

① 2階の 会議室_____ 午後 1時に 会議が あります。

② 2階の 会議室 _____ コンピューターが あります。

③ レポートは 誰_____ あげますか。

④ 学校まで 地下鉄_____ 行きますか。

86

3 보기와 같이 바꿔 봅시다.

> **보기**
>
> 私は ケーキを 作りました。
> ➡ これは 私が 作った ケーキです。

① 私は 日本の ドラマを 見ました。

➡ _____

② 私は カメラを 買いました。

➡ _____

③ 私は 小説を 読みました。

➡ _____

4 보기와 같이 바꿔 봅시다.

> **보기**
>
> たこ焼きを 食べる / 食べる
> ➡ A: たこ焼きを 食べた ことが ありますか。
> B: いいえ、食べた ことが ありません。

① 富士山に 登る / 登る

➡ _____

② 犬を 飼う / 飼う

➡ _____

③ 日本で 病院に 行く / 行く

➡ _____

새 단어 たこ焼き 다코야키〈음식〉 飼う (동물을) 기르다, 키우다

회화 연습하기

보기와 같이 단어를 바꿔 말해 봅시다.

1 보기

A: これは 何^{なん}ですか。

B: 私^{わたし}が a 作^{つく}った b クッキーです。

A: c 食^たべても いいですか。

B: いいえ、c 食べては いけません。d まずいですから。

① a 書^かく   b 本^{ほん}   c 読^よむ   d 恥^はずかしい

② a 漬^つける   b おつけもの   c 味見^{あじみ}する   d とても しょっぱい

③ a 作^{つく}る   b 人形^{にんぎょう}   c さわる   d こわれる

새단어 クッキー 쿠키　恥^はずかしい 부끄럽다.　漬^つける 절이다, 담그다　おつけもの 채소 절임
味見^{あじみ}する 맛보다　人形^{にんぎょう} 인형　こわれる 부서지다

2 보기

A: a 浅草^{あさくさ}に 行^いった ことが ありますか。

B: はい、あります。

A: いつ b 行^いきましたか。

B: c はじめて 日本^{にほん}に 来^きた ときです。

① a 富士山^{ふじさん}に 登^{のぼ}る   b 登^{のぼ}る   c 2年前^{にねんまえ}に 登山^{とざん}が 流行^{りゅうこう}する

② a 韓国^{かんこく}の 小説^{しょうせつ}を 読^よむ   b 読^よむ   c 大学^{だいがく}に 入学^{にゅうがく}する

③ a 宝^{たから}くじに 当^あたる   b 当^あたる   c はじめて 宝^{たから}くじを 買^かう

새단어 登山^{とざん} 등산　流行^{りゅうこう}する 유행하다　入学^{にゅうがく}する 입학하다　宝^{たから}くじ 복권　当^あたる 맞다

듣기 연습하기

1 잘 듣고 빈칸을 채워 봅시다.

① A : おすしを 食べた ことが ありますか。

　B : (　　　　　　　　　　　　　　　　　　　　　　　　　).

② A : 温泉に 行った ことが ありますか。

　B : (　　　　　　　　　　　　　　　　　　　　　　　　　).

③ A : ＫＴＸに 乗った ことが ありますか。

　B : (　　　　　　　　　　　　　　　　　　　　　　　　　).

④ A : アルバイトを した ことが ありますか。

　B : (　　　　　　　　　　　　　　　　　　　　　　　　　).

2 잘 듣고 김우진 씨가 일본에서 해 본 적이 있는 것에 ○, 해 본 적이 없는 것에 ×를 해 봅시다.

①

(　　　)

②

(　　　)

③

(　　　)

④

(　　　)

독해 연습하기

다음을 읽고 문제를 풀어 봅시다.

> 李さんは はじめて 日本に 来た 年に 家族と いっしょに 東京ディズニーランドと 浅草に 行きました。小林さんは 東京ディズニーランドには 行った ことが ありませんが、浅草には 行った ことが あります。浅草は かわいい ものが たくさん あります。李さんは 浅草で 友だちに あげる お土産を 買いました。

1 小林さんは 東京ディズニーランドと 浅草に 行った ことが ありますか。

① 東京ディズニーランドも 浅草も 行った ことが あります。

② 東京ディズニーランドは 行った ことが ありませんが、浅草は 行った ことが あります。

③ 東京ディズニーランドは 行った ことが ありますが、浅草は 行った ことが ありません。

④ 東京ディズニーランドも 浅草も 行った ことが ありません。

2 李さんは 浅草へ 誰と 行って 何を しましたか。

① 家族と いっしょに 行って、友だちに あげる お土産を 買いました。

② 小林さんと いっしょに 行って、友だちに あげる お土産を 買いました。

③ 家族と いっしょに 行って、小林さんに あげる お土産を 買いました。

④ 小林さんと いっしょに 行って、家族に あげる お土産を 買いました。

8과

<ruby>忘<rt>わす</rt></ruby>れないで ください

동사의 ない형을 배워 봅시다.

미리 보기

① <ruby>夜<rt>よる</rt></ruby> <ruby>8時<rt>はちじ</rt></ruby>まで <ruby>仕事<rt>しごと</rt></ruby>を しなければ なりません。
② <ruby>何<rt>なに</rt></ruby>を <ruby>読<rt>よ</rt></ruby>んで いるんですか。
③ <ruby>食<rt>た</rt></ruby>べて いきます。
④ この ことは <ruby>言<rt>い</rt></ruby>わないで ください。

1

A: 何時まで 仕事を しますか。

B: 夜 8時まで 仕事を しなければ なりません。

2

A: 何を 読んで いるんですか。

B: 説明書を 読んで いるんです。

3

A: 食事は どうしますか。

B: 食べて いきます。

4

A: この ことは 言わないで ください。

B: はい、わかりました。

새 단어

~なければならない ~하지 않으면 안 된다 ~んですか ~인 거예요? **説明書** 설명서 ~んです ~이랍니다, ~이거든요

~ていく ~하고 가다 ~ないでください ~하지 마세요

고바야시와 이유리가 도서관에서 이야기하고 있습니다.

小林　李さん、熱心に 勉強して いますね。

李　　はい、明日 テストが あって、これを 全部 覚えなければ

　　　なりません。

小林　大変ですね。朝から ずっと 勉強して いるんですか。

李　　はい。

小林　すこし、外で 休みませんか。外は 風が 気持ち いいですよ。

李　　そうですね。

小林　あ、すみません。
　　　本を 借りて きますから、
　　　すこし ここで 待って
　　　いて ください。

- -

小林　この 本を お願いします。

職員　はい、新刊の 本ですね。新刊は 1週間後に 返して ください。
　　　返却日は 6月10日です。忘れないで ください。

새 단어

熱心に 열심히　**ずっと** 계속, 쭉　**気持ちいい** 기분 좋다　**~てくる** ~하고 오다　**職員** 직원　**新刊** 신간　**1週間** 1주일
~後 ~후　**返す** 돌려주다　**返却日** 반납일

문형 쏙! 정리하기

1 동사의 ない형

「〜ない」는 동사에 붙어 '〜하지 않다', '〜하지 않는다'는 부정의 뜻을 나타내며, い형용사와 같이 활용한다. 동사에 「〜ない」가 접속할 때 동사의 어미가 변화하는 형태를 동사의 ない형이라고 한다.

종류	활용 방법	예
1그룹동사	어미 う단 → あ단 + ない	書く 쓰다 → 書かない 쓰지 않다 泳ぐ 헤엄치다 → 泳がない 헤엄치지 않다 待つ 기다리다 → 待たない 기다리지 않다 降る 내리다 → 降らない 내리지 않다 死ぬ 죽다 → 死なない 죽지 않다 遊ぶ 놀다 → 遊ばない 놀지 않다 飲む 마시다 → 飲まない 마시지 않다 話す 이야기하다 → 話さない 이야기하지 않다
	예외 〜う → 〜わ + ない	会う 만나다 → 会わない 만나지 않다
2그룹동사	어미 る → る̸ + ない	見る 보다 → 見ない 보지 않다 起きる 일어나다 → 起きない 일어나지 않다 食べる 먹다 → 食べない 먹지 않다 寝る 자다 → 寝ない 자지 않다
3그룹동사	활용이 불규칙함	来る 오다 → 来ない 오지 않다 する 하다 → しない 하지 않다

2 동사의 ない형 + なければ なりません

~하지 않으면 안 됩니다, ~해야 합니다

「~なければ なりません」은 '~하지 않으면 안 됩니다'라는 의무나 필요성을 나타내는 표현으로, 동사의 ない형에 접속한다. 주어가 생략되는 경우가 많다.

この 授業を 取らなければ なりません。 이 수업을 듣지 않으면 안 됩니다.

この 本は 買わなければ なりません。 이 책은 사지 않으면 안 됩니다.

明日は はやく 起きなければ なりません。
내일은 일찍 일어나지 않으면 안 됩니다.

はやく 工事を しなければ なりません。
빨리 공사를 해야 합니다.

───── 새 단어 ─────

はやく 일찍, 빨리
工事 공사

3 ~んです / ~んですか ~이랍니다, ~이거든요 / ~인 거예요?

「~んです」는 문장체 「~のです」와 같은 형태로 이유나 상황을 설명하거나, 이유를 물어볼 때, 강조할 때 쓰는 표현이다. 접속법은 다음과 같다.

명사 + な	
동사 / い형용사 사전형	+ んです
な형용사 어간 + な	

これは 韓国の 写真なんです。 이것은 한국의 사진이랍니다.

誰を ずっと 待って いるんですか。 누구를 계속 기다리고 있는 거예요?

明日から 休みですから うれしいんです。 내일부터 쉬는 날이라 기쁘답니다.

この 街は とても 静かなんですね。 이 길은 매우 조용하군요.

───── 새 단어 ─────

街 거리, 길

4 동사의 て형＋て くる ～하고 오다
동사의 て형＋て いく ～하고 가다

동사의 て형에 「くる」나 「いく」가 붙으면 실제로 어떤 동작을 하고 오다/가다라는 뜻이 된다. 다른 뜻으로 「～て くる」는 어떤 동작이 일어나기 시작하거나 변화의 과정이 진행됨을 나타내는 '~해 지다, ~하기 시작하다'의 뜻으로, 「～て いく」는 변화가 계속되어 가는 것을 나타내는 '~해 가다'의 뜻으로 쓰인다.

家まで タクシーに 乗って きました。 집까지 택시를 타고 왔습니다.

この 資料は 私が 持って いきます。 이 자료는 제가 가지고 가겠습니다.

だんだん 気温が 上がって きます。 점점 기온이 오릅니다.

人口が 減って いきます。 인구가 줄어 갑니다.

━━━━ 새 단어 ━━━━
資料 자료
だんだん 점점
気温 기온
上がる 오르다
人口 인구
減る 줄다

5 동사의 ない형＋ないで ください ～하지 마세요

「～ないで ください」는 동사의 ない형에 접속하여 상대방에게 하지 않도록 의뢰하거나 금지 사항을 말할 때 쓰는 표현이다.

ここに 車を 止めないで ください。 여기에 차를 세우지 마세요.

芝生に 入らないで ください。 잔디밭에 들어가지 마세요.

あぶないですから さわらないで ください。 위험하니까 만지지 마세요.

図書館では ケータイを 使わないで ください。
도서관에서는 휴대 전화를 사용하지 마세요.

━━━━ 새 단어 ━━━━
芝生 잔디밭

문형 연습하기

보기와 같이 바꿔 봅시다.

보기

外<small>そと</small>に 出<small>で</small>る / 家<small>いえ</small>に いる

→ A: 外<small>そと</small>に 出<small>で</small>ても いいですか。

B: いいえ、家<small>いえ</small>に いなければ なりません。

---

① ゆっくり 歩<small>ある</small>く / 急<small>いそ</small>ぐ

➡ _____

② 欠席<small>けっせき</small>する / 出席<small>しゅっせき</small>する

➡ _____

③ 遊<small>あそ</small>ぶ / 勉強<small>べんきょう</small>する

➡ _____

새 단어 ┃ 急<small>いそ</small>ぐ 서두르다 欠席<small>けっせき</small>する 결석하다 出席<small>しゅっせき</small>する 출석하다

보기

あぶない / さわる

➡ あぶないですから、さわらないで ください。

---

① 大丈夫<small>だいじょうぶ</small>だ / 心配<small>しんぱい</small>する

➡ _____

② 試験<small>しけん</small>が ある / 休<small>やす</small>む

➡ _____

③ 部屋<small>へや</small>の 鍵<small>かぎ</small>だ / なくす

➡ _____

3

フランス語を 勉強します

→ <u>フランス語を 勉強するんです。</u>

① 本を 借りに 行きます

→ _____

② 来年 日本に 留学します

→ _____

③ 毎日 薬を 飲みます

→ _____

새 단어 留学する 유학하다

4

コピーした / くる → <u>コピーして きました。</u>

コピーした / いく → <u>コピーして いきました。</u>

① 家まで 走った / くる

→ _____

② 友だちが ジュースを 買った / くる

→ _____

③ 来月 金さんが ふるさとに 帰る / いく

→ _____

회화 연습하기

보기와 같이 단어를 바꿔 말해 봅시다.

보기

A: 何を して いるんですか。

B: a 単語を 覚えて いるんです。

A: どうしてですか。

B: b 試験が ありますから c 勉強しなければ なりません。

---

① a プレゼントを 選ぶ   b もうすぐ 彼女の 誕生日が 来る

　c プレゼントを 贈る

② a 靴を 磨く　　　　b 明日 面接を 受ける　　　c 準備する

③ a 魚を 焼く　　　　b 午後 花見に 行く　　　　c お弁当を 作る

새단어　選ぶ 고르다　もうすぐ 이제 곧　贈る (선물을) 보내다　磨く 닦다　受ける 치르다　魚 생선　焼く 굽다
　　　　お弁当 도시락

보기

A: a 荷物を b 持って 入っても いいですか。

B: いいえ、b 持って 入らないで ください。

A: じゃ、c 置いて いきます。

B: はい、そうして ください。

---

① a ゴミ　　　　　　b 置いて 出る　　　　c 持つ

② a 雑誌　　　　　　b 借りて いく　　　　c 読む

③ a これ　　　　　　b 持って 帰る　　　　c 見る

듣기 연습하기

1   잘 듣고 빈칸을 채워 봅시다.

① A : どうして 掃除して いるんですか。

    B : お客さんが 来ますから、(   )。

② A : どうして 急いで いるんですか。

    B : 友だちが 来ますから、(   )。

③ A : この 資料は 誰が 持って きましたか。

    B : 田中さんが (   )。

④ A : ここに 車を 止めても いいですか。

    B : いいえ、すみませんが、(   )。

2   이유리 씨가 수강 신청을 하고 있습니다. 어느 과목을 들어야 할까요? 잘 듣고 들어야 되는 과목은 ○,

안 들어도 되는 과목은 ×해 봅시다.

과목	日本文化	コンピューター	英会話	西洋美術	日本語会話
수강 신청					

새 단어   **お客さん** 손님   **迎える** 맞다, 맞이하다   **日本文化** 일본문화   **英会話** 영어 회화   **西洋美術** 서양미술
         日本語会話 일본어 회화

다음을 읽고 문제를 풀어 봅시다.

李さんと 小林さんは 図書館に います。李さんは 明日 日本語の テスト
が あって 単語を 覚えなければ なりません。朝から ずっと 勉強して、
疲れました。それで 小林さんと いっしょに 図書館の 外へ 休憩しに 行
きました。小林さんは 本を 借りました。本は 一週間後に 返さなければ
なりません。

1 李さんは 明日 何を しなければ なりませんか。

① 休憩しなければ なりません。

② 単語を 覚えなければ なりません。

③ 日本語の テストを 受けなければ なりません。

④ 本を 返さなければ なりません。

2 小林さんが 一週間後に しなければ ならない ことは 何ですか。

① 李さんと 休憩する ことです。

② テストを 受ける ことです。

③ 李さんと 勉強する ことです。

④ 本を 返す ことです。

┃ 새 단어 ┃ 休憩する 휴식하다

일본의 결혼식

일본의 결혼식, 또는 결혼식 피로연에는 초대장을 받은 사람만 참석할 수 있습니다.
대개 결혼식과 피로연을 2~3개월 앞두고 초대장이 도착합니다. 피로연의 요리 준비나 답례품, 좌석 등을 준비해야 하므로 초대장을 받으면 늦어도 1주일 이내에는 참석 여부를 답해줍니다. 결혼식이 많은 계절은 날씨가 좋은 봄이나 가을, 6월이고 결혼식과 피로연 날로는 토·일요일, 휴일이나 길일을 선택하는 사람들이 많습니다. 유럽에서는 6월에 결혼한 신부는 평생 행복하다는 풍습이 있어 이것이 일본에 전해져 6월에 결혼하는 사람이 많습니다.

결혼식과 피로연

결혼식은 결혼 반지를 교환하고 혼인·서약 등을 하는 의식에 20~30분 정도, 그 후의 피로연은 2~3시간 정도 걸립니다. 피로연에서는 식사와 함께 케이크 커팅, 촛불 이벤트, 연설을 들으며 여흥을 즐깁니다.
일반적으로 결혼식에는 친척을, 피로연에는 친구나 은사 등을 초대합니다. 결혼식은 교회나 신사, 절 등에서 하고 피로연은 호텔이나 레스토랑에서 하는 경우가 많아 교회나 신사가 병설되어 있는 호텔이나 결혼식장도 많습니다. 호텔 등의 예약은 6개월 정도 전에 하는데, 인기가 많은 식장의 경우 1년 전부터 예약해야 하기도 합니다.

축의금

결혼식·피로연에 참석할 경우 축의금은 친구·동료 등은
2~3만 엔, 친척은 5~10만 엔 정도가 일반적입니다.
축의금을 넣는 봉투는 노시부쿠로(のし袋) 또는 슈기부쿠로
(祝儀袋)라고 하는데, 봉투 겉면에는 노시(のし)나 미즈히키
(水引き) 등 장식이 달려 있습니다.

노시

미즈히키

축의금 봉투

ゆっくり
休^{やす}んだ ほうが いいよ

정중체와 보통체에 대해 배워 봅시다.

미리 보기

❶ どうしたの？
❷ テレビ、見^みないの？
❸ うん、眠^{ねむ}いし、つまらない。
❹ ううん、来^こないと 思^{おも}う。
❺ 運動^{うんどう}した ほうが いいよ。

문형 꽉! 잡기

1

A: どうしたの？

B: 財布を 忘れた！

2

A: テレビ、見ないの？(男女)

B1: うん、眠いし、つまらないの。(女性)

B2: うん、眠いし、つまらない。(男女)

3

A: 明日、金さん 来る？

B: ううん、来ないと 思う。

4

A: 最近、太っちゃった。

B: 運動した ほうが いいよ。

새 단어

どうしたの 왜 그래?, 무슨 일이야?　～の ~이니?, ~이야?, ~요　男女 남녀　うん 응　～し ~이고, ~하고　女性 여성
ううん 아니　～と思う ~라고 생각한다　太る 살찌다　～たほうがいい ~하는 편이 좋다　～よ ~요

TRACK
34

야마모토가 회사 동료인 와타나베와 이야기하고 있습니다.

渡辺　どうしたの？　顔色が　悪いよ。

山本　ちょっと　頭が　痛いし、のども　痛い。

渡辺　咳は　出る？

山本　ううん、出ない。でも、鼻水は　出る。
　　　最近、仕事が　忙しくて　夜　遅くまで　働いて　いるの。

渡辺　ああ、それで　疲れて　風邪を　ひいたんだよ。

山本　うん、そうだと　思う。

渡辺　はやく　うちに　帰って　ゆっくり　休んだ　ほうが　いいよ。

山本　そうだね。でも、明日までに　やらなければ　ならない
　　　仕事が　あるの。

渡辺　じゃ、薬を　飲んだ　ほうが　いいよ。

새 단어

顔色 안색　**咳** 기침　**鼻水** 콧물　**遅い** 늦다　**思う** 생각하다　**〜までに** 〜까지〈정해진 기한을 말할 때〉　**やる** 하다

1 정중체와 보통체

정중체는「〜です」「〜ます」등이 붙는 정중한 표현으로, 처음 만나는 사람, 윗사람, 비슷한 나이의 사람에게 쓰고, 공적인 장소에서도 쓰인다.

보통체는 사전형의 술어를 쓰는 형태로, 친한 친구나 동료, 가족 등에게 쓰는 표현이다.

		정중체	보통체
명사	긍정	学生 がくせい</br>です 학생입니다	学生 がくせい</br>だ 학생이다
	부정	学生 がくせい</br>じゃ(では) ないです =学生 がくせい</br>じゃ(では) ありません 학생이 아닙니다	学生 がくせい</br>じゃ(では) ない 학생이 아니다
	과거 긍정	学生 がくせい</br>でした 학생이었습니다	学生 がくせい</br>だった 학생이었다
	과거 부정	学生 がくせい</br>じゃ(では) なかったです =学生 がくせい</br>じゃ(では) ありませんでした 학생이 아니었습니다	学生 がくせい</br>じゃ(では) なかった 학생이 아니었다
い형용사	긍정	安 やす</br>いです 쌉니다	安 やす</br>い 싸다
	부정	安 やす</br>く ないです =安 やす</br>く ありません 싸지 않습니다	安 やす</br>く ない 싸지 않다
	과거 긍정	安 やす</br>かったです 쌌습니다	安 やす</br>かった 쌌다
	과거 부정	安 やす</br>く なかったです =安 やす</br>く ありませんでした 싸지 않았습니다	安 やす</br>く なかった 싸지 않았다
な형용사	긍정	きれいです 예쁩니다	きれいだ 예쁘다
	부정	きれいじゃ(では) ないです =きれいじゃ(では) ありません 예쁘지 않습니다	きれいじゃ(では) ない 예쁘지 않다
	과거 긍정	きれいでした 예뻤습니다	きれいだった 예뻤다
	과거 부정	きれいじゃ(では) なかったです =きれいじゃ(では) ありませんでした 예쁘지 않았습니다	きれいじゃ(では) なかった 예쁘지 않았다

동사	긍정	**会います** 만납니다	**会う** 만나다
	부정	**会いません** 만나지 않습니다	**会わない** 만나지 않다
	과거 긍정	**会いました** 만났습니다	**会った** 만났다
	과거 부정	**会いませんでした** 만나지 않았습니다	**会わなかった** 만나지 않았다

2 정중체와 보통체의 회화문

うん(↘)은 긍정, ううん(↗)은 부정에 해당하는 대답이다. 한국어의 '응'과 혼동하지 않도록 주의해야 한다.

	정중체	보통체
명사	あの 人は 学生ですか。 저 사람은 학생입니까? はい、学生です。 네, 학생입니다. いいえ、学生じゃ ないです。 아니요, 학생이 아닙니다.	あの 人は 学生？ 저 사람 학생이야? うん(↘)、学生。 응, 학생이야. ううん(↗)、学生じゃ ない。 아니, 학생이 아니야.
い형용사	それ、おいしいですか。 그거, 맛있습니까? はい、おいしいです。 네, 맛있어요. いいえ、おいしく ないです。 아니요, 맛없어요.	それ、おいしい？ 그거 맛있니? うん(↘)、おいしい。 응, 맛있어. ううん(↗)、おいしく ない。 아니, 맛없어.
な형용사	明日、暇ですか。 내일 한가합니까? はい、暇です。 네, 한가해요. いいえ、暇じゃ ないです。 아니요, 한가하지 않아요.	明日、暇？ 내일 한가해？ (↗) うん(↘)、暇だよ。 응, 한가해. うん(↘)、暇よ。 응, 한가해. うん(↘)、暇。 응, 한가해. ううん(↗)、暇じゃ ない。 아니, 한가하지 않아.
동사	これ、食べますか。 이것 드실래요? はい、食べます。 네, 먹겠습니다. いいえ、食べません。 아니요, 안 먹겠습니다.	これ、食べる？ 이거 먹을래? うん(↘)、食べる。 응, 먹을게. ううん(↗)、食べない。 아니, 안 먹을래.

3 どうしたの？ 왜 그래?, 무슨 일이야?

이유나 상황을 물어보는 표현이다. 주로 여성이 쓰며, 친구사이 또는 손윗사람이 손아랫사람에게 쓴다.

A : どうしたの？ 왜 그래?

B : 熱が あるし、さむけが する。 열이 있고 한기가 들어.

A : どうしたの？ 왜 그래?

B : 昨日 徹夜して 眠れなかった。 어제 철야해서 못 잤어.

A : どうしたんですか。 무슨 일이에요?

B : 朝から 忙しくて 何も 食べて いません。
아침부터 바빠서 아무것도 먹지 못했습니다.

━━━━━ 새 단어 ━━━━━

熱 열

さむけ 한기, 오한

さむけがする
한기가 들다

徹夜する
밤을 새다, 철야하다

眠れる 잘 수 있다

4 보통체 + の/よ

(1) ～の ～이야?, ～이니?, ～요? / ～(어)요, ～(해)요

① 질문할 때 쓰이는 보통체 표현이다. 남·녀 같이 쓸 수 있다.

どうしたの？ （ ↗ ） 무슨 일이니?

何か あったの？ （ ↗ ） 무슨 일 있었어?

② 가벼운 단정을 부드럽게 나타낼 때 쓴다. 주로 여성과 아동이 쓴다.

働いて いるの。 （ ↘ ） 일하고 있어요.〈여〉

いいえ、違うの。 （ ↘ ） 아니, 달라요.〈여〉

(2) ～よ ～야, ～요, ～(해)요

문말에 붙어서 상대방에게 알리거나 강조해서 말할 때 쓴다. 보통체에서는 남·녀의 쓰임이 약간 다르다. 주로 여성은 「よ」 앞에 「の」나 「わ」를 붙이고 남성은 「だ」를 붙인다.

명사	あの 人 いい 人よ。 저 사람 좋은 사람이야. 〈여〉
	あの 人 いい 人だよ。〈남〉
	山本さんの 自転車よ。 야마모토 씨의 자전거야. 〈여〉
	山本さんの 自転車だよ。〈남〉
い형용사	いいよ。 좋아. 〈남·여〉
	いいわよ。〈여〉
	いいんだよ。〈남〉
な형용사	これ 便利よ。 이거 편리해. 〈여〉
	これ 便利だよ。〈남〉
동사	それは 違うよ。 그건 달라. 〈남·여〉
	それは 違うわよ。〈여〉
	風邪を ひいたのよ。 감기 걸렸어. 〈여〉
	風邪を ひいたんだよ。〈남〉

5 보통체 + し、〜　～이고, ～하고

두 가지 이상의 사실을 열거할 때 쓰는 표현이다. 병렬의 사항을 추가하며 강조할 때도 쓰인다.

その 先生は 親切だし、おもしろい。 그 선생님은 친절하고 재미있다.

この 仕事は 疲れるし、残業も 多い。 이 일은 피곤하고 잔업도 많다.

この 店は 駅から 近いし、サービスも いいです。 이 가게는 역에서 가깝고 서비스도 좋습니다.

彼は まじめだし、やさしいです。 그는 성실하고 친절합니다.

━━━━━━ 새 단어 ━━━━━━

残業 잔업

近い 가깝다

サービス 서비스

6 보통체 + と 思う ~라고 생각하다

「~と 思う」는 말하는 사람의 추측이나 의견을 말할 때 쓰는 표현으로 보통체형에 접속한다.

たぶん 風邪だと 思う。 아마 감기라고 생각해.

学生は もう 帰ったと 思う。 학생은 이미 돌아갔다고 생각해.

ソウルは 東京より 寒いと 思う。 서울은 도쿄보다 춥다고 생각해.

電子辞書は 勉強に 役に 立つと 思います。
전자사전은 공부에 도움이 된다고 생각합니다.

――― 새 단어 ―――
たぶん 아마
役に 立つ 도움이 되다

7 동사의 た형 + た ほうが いい ~하는 편이 좋다

「~た ほうが いい」는 상대방에게 자신의 의견이나 일반적인 의견을 제안하거나 추천을 하는 표현으로 동사의 た형에 접속한다. '~하지 않는 편이 좋다'라고 충고할 때는「~ない ほうが い い」를 쓴다.

漢字は 書いて 覚えた ほうが いい。 한자는 써서 외우는 것이 좋아.

会社に 連絡した ほうが いい。 회사에 연락하는 것이 좋아.

借りた 本は はやく 返した ほうが いいです。
빌린 책은 빨리 반납하는 것이 좋습니다.

夜は 出かけない ほうが いい。 밤에는 외출하지 않는 게 좋아.

――― 새 단어 ―――
連絡する 연락하다

110

문형 연습하기

보기와 같이 바꿔 봅시다.

1

보기	鈴木さんは 会社員でした。 → 鈴木さんは 会社員だった。

① 部屋は あまり 広く なかったです。

➡ _____

② 弟は 納豆を 食べません。

➡ _____

③ この 町は 昔は にぎやかじゃ ありませんでした。

➡ _____

∥ 새 단어 **納豆** 낫토〈일본 음식의 한 종류〉

2

보기	背が 高いです / ハンサムです / 小林さんは かっこいいです ➡ 背が 高いし、ハンサムだし、小林さんは かっこいい。

① 疲れます / 給料が 安いです / この 仕事は 嫌です

➡ _____

② 来週から 夏休みです / 天気も いいです / 本当に うれしいです

➡ _____

③ テレビが うつりません / 料理が おいしく ありません / この
ホテルは 良く ありません

➡ _____

∥ 새 단어 **給料** 급여, 월급   **嫌だ** 싫다, 싫어하다   **うつる** (화면이) 비치다

3

テスト / 難しいです

→ A: テストは 難しいと 思いますか。

B1: はい、難しいと 思います。

B2: いいえ、難しく ないと 思います。

① インターネット / 便利です

→ _____

② 金さん / 家に います

→ _____

③ 加藤さん / 夏休みに 日本に 帰りました

→ _____

4

頭が 痛い / 薬を 飲む

→ A: 頭が 痛いんですが……。

B: 薬を 飲んだ ほうが いいですよ。

① 連絡が ない / 電話する

→ _____

② 公園に 行く / 寒いから コートを 着る

→ _____

③ プレゼントを する / はやく 準備する

→ _____

회화 연습하기

보기와 같이 단어를 바꿔 말해 봅시다.

보기

A: a この 服は どう？

B: b 色が きれいだし c 安いし いいね。

A: じゃ、a この 服に する？

B: でも、d すこし 派手だと 思う。

① a 九州旅行　　b 近い　　c 温泉が ある　　d 今は とても 暑い

② a この パソコン　b 新型　　c かっこいい　　d 重くて 不便だ

③ a サッカー　　　　　　　　b 人が たくさん いる
　 c ボールが ある　　　　　　d 雨が 降る

새 단어 | 色 색, 색상　派手だ 화려하다　新型 신형

보기

A: a 財布を なくしました。

B: それで b あわてて いるんですね。

A: はい。

B: c 警察に 行った ほうが いいですよ。

① a 恋人と 別れる　　　　　　b 元気が ない　　c はやく 忘れる

② a お酒を たくさん 飲んで しまう　　　　b 顔色が 悪い
　 c 薬を 飲む

③ a 図書館で 時計を 落とす　　　　　　　b 心配して いる
　 c はやく 探す

새 단어 | あわてる 당황하다, 허둥대다　警察 경찰　別れる 헤어지다　元気 기운, 기력　探す 찾다

9과 ゆっくり 休んだ ほうが いいよ　113

듣기 연습하기

1 잘 듣고 빈칸을 채워 봅시다.

① A : このごろ 太って しまいました。

　B : そうですか。(　　　　　　　　　　　　　　　　　　　　)。

② A : この 漢字の 読み方が 分かりません。

　B : (　　　　　　　　　　　　　　　　　　　　　　　)。

③ A : 東京の 地下鉄は どうですか。

　B : (　　　　　　　　　　　　　　　　　　　　　)。

④ A : あの 店は どうですか。

　B : (　　　　　　　　　　　　　　　　　　　　　)。

2 잘 듣고 내용과 그림이 일치하면 ○, 틀리면 ×해 봅시다.

①

(　　　)

②

(　　　)

③

(　　　)

④

(　　　)

독해 연습하기

다음을 읽고 문제를 풀어 봅시다.

> – 山本さんの 日記 –
>
> 今日は 頭が 痛いし のども 痛かった。咳は 出ないが、鼻水が 出る。た ぶん 風邪を ひいたと 思う。最近 忙しくて 夜 おそくまで 働いたから だ。明日までに やらなければ ならない 仕事が ある。今日は もう 薬を 飲んで はやく 寝た ほうが いい。病院にも 行った ほうが いいと 思 うが、時間が なくて それは 無理だ。

1 山本さんは どうして 風邪を ひきましたか。

① 頭が 痛いし、のども 痛いからです。

② 薬を 飲んで はやく 寝た ほうが いいからです。

③ 時間が なくて 無理だからです。

④ 最近 忙しくて 夜 おそくまで 働いたからです。

2 どれが ただしく ないですか。

① 山本さんは 鼻水は 出ますが、咳は 出ません。

② 山本さんは 最近 夜 おそくまで 働いたから 風邪を ひきました。

③ 山本さんは 病院に 行った ほうが いいと 思って いません。

④ 山本さんが やらなければ ならない 仕事は 明日までです。

새단어 | 日記 일기 ～にも ～에도 無理だ 무리다

초밥

초밥(すし)은 일본의 대표 요리로 조미한 밥에 어패류를 얹어 먹는 것을 말합니다. 흔히 알고 있는 초밥은 니기리즈시(握り寿司)의 형태이지만 이외에도 초밥의 종류는 다양합니다.

🌸 치라시즈시(ちらし寿司)

초밥용 밥 위에 생선, 채소 등을 뿌리듯이
얹은 초밥입니다.

🌸 니기리즈시(握り寿司)

가장 대표적인 초밥으로 한 입 크기의 초밥용
밥에 어패류를 얹은 형태입니다.

🌸 오시즈시(押し寿司)

사각형의 틀에 초밥용 밥을 넣고
그 위에 생선을 얹고 뚜껑으로 누른 후 적당한
크기로 썰어 먹는 초밥입니다.

🌸 군칸마키(軍艦巻き)

마키즈시의 일종으로 초밥용 밥 주변을 김으로
둘러싸고 그 위에 생선 알을 올려 만든 초밥입니다.

후토마키

호소마키

🌸 마키즈시(まき寿司)

우리나라의 김밥과 비슷한 모양으로, 김 위에 밥을
깔고 그 위에 재료를 얹어 말은 초밥입니다.
굵기에 따라 얇은 것은 호소마키(細巻き),
굵은 것은 후토마키(太巻き)라고 부릅니다.

とても きれいに なりましたね

상태의 변화를 나타내는 표현을 배워 봅시다.

미리 보기

① 年末ですから 忙しく なりました。
② 映画を 見たり ギターを ひいたり します。
③ 外国へ 行く 前に 何を しますか。
④ 食事を した 後で 飲んで ください。

1

A: 最近 忙しいですか。

B: はい、年末ですから 忙しく なりました。

2

A: 週末は 何を しますか。

B: 映画を 見たり ギターを ひいたり します。

3

A: 外国へ 行く 前に 何を しますか。

B: パスポートを 取らなければ なりません。

4

A: いつ 薬を 飲みますか。

B: 食事を した 後で 飲んで ください。

새 단어

年末 연말　〜くなる 〜해지다　〜前に 〜하기 전에　パスポート 여권　〜後で 〜한 다음, 〜한 후에

이유리와 야마모토, 김우진이 운동에 대해 이야기하고 있습니다.

李 山本さん、最近 とても きれいに なりましたね。

運動でも して いるんですか。

山本 はい、ときどき 近所の ジムで 走ったり 泳いだり します。

李さんは？

李 学校へ 行く 前に ジョギングを します。

ジムへは いつ 行きますか。

山本 会社が 終わった 後で 行きます。

金さんは 運動しますか。

金 いいえ、全然 しないです。それで 最近は 太って、

この間 買った ジーンズが きつく なりました。

山本 それなら、ジムへ 行った ほうが いいですよ。

私と いっしょに

ジムへ 行きませんか。

金 そうですね。

새 단어

~になる ~이(가) 되다, ~해지다　**近所** 근처　**ジョギング** 조깅　**全然** 전혀　**この間** 요전　**ジーンズ** 청바지

きつい 꽉 끼다　**それなら** 그렇다면, 그러면

문형 쏙! 정리하기

1

い형용사 어간 ＋ く　　　～해지다
な형용사 어간 ＋ に ＋ なる　　～해지다
명사　　　　 ＋ に　　　　～이(가) 되다

「なる」는 여러 품사에 접속하여 변화의 뜻을 나타낸다. 품사에 따라 접속 형태가 다르므로 주의한다

物価が だんだん 高く なって いきます。 물가가 점점 올라갑니다.

毎日、運動を して 丈夫に なりました。 매일 운동을 해서 건강해졌습니다.

病気を 治して 元気に なりたいです。 병을 고쳐서 건강해지고 싶습니다.

兄は サッカー選手に なりました。 형은 축구 선수가 되었습니다.

새단어

物価 물가
病気 병
治す (병을) 고치다
選手 선수

2

동사의 た형 ＋ たり、동사의 た형 ＋ たり する

～하기도 하고, ～하기도 하다

「～たり、～たり する」는 동작이나 상태를 나열하거나, 예를 들어 설명할 때 쓰는 표현으로 동
사의 た형에 접속한다.

雨が 降ったり 止んだり します。 비가 내렸다 그쳤다 합니다.

電車に 人が 乗ったり 降りたり します。
전철에 사람이 타기도 하고 내리기도 합니다.

A : お客さんは 今 何を して いますか。 손님은 지금 무엇을 하고 있습니까?

B : お茶を 飲んだり 話を したり して います。
차를 마시거나 이야기를 하거나 하고 있습니다.

새단어

止む 그치다
降りる (탈것에서) 내리다

120

3 동사 사전형
명사＋の ＋前に ~하기 전에
기간

「前に」는 '~하기 전에'라는 뜻으로, 앞의 동작이 이루어지기 전에 뒤의 동작이 먼저 일어난다는 것을 나타낸다. 과거의 뜻을 나타낼 때도 동사 사전형에 접속한다.

ご飯が 冷める 前に 召し上がって ください。 밥이 식기 전에 드세요.

答える 前に よく 考えて ください。 대답하기 전에 잘 생각해 주세요.

出発の 前に いっしょに 写真を 撮りませんか。
출발 전에 같이 사진을 찍지 않을래요?

一ヶ月 前に アメリカへ 行く ビザを 取りました。
한 달 전에 미국에 가는 비자를 취득했습니다.

---- 새단어 ----
冷める 식다
召し上がる 드시다
答える 대답하다
ビザ 비자

3 동사의 た형
명사＋の ＋後で ~한 뒤에, ~한 후에
기간

「後で」는 '~한 뒤에', '~한 후에' 라는 뜻으로, 앞의 일이 끝난 후 다음 일이 일어나는 것을 나타낸다.

授業が 終わった 後で 質問しても いいですか。
수업이 끝난 뒤에 질문해도 괜찮아요?

仕事が かたづいた 後で カラオケに 行きたいです。
일이 정리된 뒤에 노래방에 가고 싶습니다.

掃除の 後で 洗濯を します。 청소를 한 뒤에 빨래를 합니다.

３０分 後で 泳ぎましょう。 30분 뒤에 수영합시다.

---- 새단어 ----
質問する 질문하다
かたづく 정리되다

문형 연습하기

보기와 같이 바꿔 봅시다.

1

보기	人 / 出る / 入る → 人が 出たり 入ったり します。

① 車 / 動く / 止まる

➡ _____

② 温度 / 上がる / 下がる

➡ _____

③ 赤ちゃん / 泣く / 笑う

➡ _____

새단어 ┃ 温度 온도　下がる 내리다　赤ちゃん 아기　泣く 울다　笑う 웃다

2

보기	運動する / きれいだ ➡ 運動しましたから、きれいに なりました。 塩を たくさん 入れる / しょっぱい ➡ 塩を たくさん 入れましたから、しょっぱく なりました。

① 最近 太る / スカートが きつい

➡ _____

② 会社を 辞める / 暇だ

➡ _____

③ 学校が テレビに 出る / 有名だ

➡ _____

3

보기 →
学校へ 行く / ジョギングする
学校へ 行きます。その 前に ジョギングします。
学校へ 行く 前に、ジョギングします。

① 手紙を 出す / 切手を はる

➡ _____

② 食堂に 行く / 予約を する

➡ _____

③ 電車に 乗る / きっぷを 買う

➡ _____

새단어 はる 붙이다 予約 예약 きっぷ 표

4

보기 →
会社が 終わる / ジムへ 行く
会社が 終わってから ジムへ 行きます。
会社が 終わった 後で ジムへ 行きます。

① 手を 洗う / 料理を 作る

➡ _____

② 車が 止まる / 席を 立つ

➡ _____

③ 窓を 閉める / 部屋を 出る

➡ _____

새단어 席 자리, 좌석

10과 とても きれいに なりましたね 123

회화 연습하기

보기와 같이 단어를 바꿔 말해 봅시다.

1 보기

A: 田中さん、最近 a 体が 丈夫に なりましたね。

B: そうですか。

A: どうしてですか。

B: b ジムで 走ったり c 泳いだり したからだと 思います。

① a 韓国語が 上手だ　　b 韓国の ドラマを 見る　　c 音楽を 聞く

② a 表情が 良い　　　　b 成績が 上がる　　　　　c 恋人が できる

③ a きれいだ　　　　　　b ヨガを する　　　　　　c ジョギングを する

새 단어 ┃ 表情 표정　成績 성적　恋人ができる 애인이 생기다　ヨガ 요가

2 보기

A: a 会場に 入る 前に b チケットを 見せて ください。

B: はい。c 身分証も a 会場に 入る 前に d 見せますか。

A: いいえ、a 会場に 入った 後で d 見せて ください。

B: はい、わかりました。

① a ご飯を 食べる b 粉薬を 飲む c 錠剤　　　　　d 飲む

② a 席に つく　　b 名前を 書く　c 番号　　　　　d 書く

③ a パンを 出す　b スープを 出す c サラダ　　　 d 出す

새 단어 ┃ 会場 회장　身分証 신분증　粉薬 가루약　錠剤 정제, 알약　席につく 자리에 앉다　番号 번호

　　　　スープ 수프

듣기 연습하기

1 잘 듣고 빈칸을 채워 봅시다.

① A: 休みの 日に どんな ことを しますか。

　B: (　　　　　　　　　　　　　　　　　　　　　　)。

② A: 最近の パソコンの 価格は どうですか。

　B: (　　　　　　　　　　　　　　　　　　　　　　)。

③ A: いつ お風呂に 入りますか。

　B: (　　　　　　　　　　　　　　　　　　　　　　)。

④ A: いつ 会いに 行きますか。

　B: (　　　　　　　　　　　　　　　　　　　　　　)。

2 잘 듣고 내용과 그림이 일치하면 ○, 틀리면 ×해 봅시다.

①

（　　）

②

（　　）

③

（　　）

④

（　　）

새 단어　価格 가격

다음을 읽고 문제를 풀어 봅시다.

山本さんは 最近 近所の ジムで 走ったり 泳いだり して います。それ
で、山本さんは とても きれいに なりました。ジムは 会社が 終わった
後で 行きます。李さんは 学校に 行く 前に 公園で ジョギングを して
います。金さんは 全然 運動を しません。それで 最近 太って この間
買った ジーンズが きつく なりました。

1   山本さんは いつ ジムに 行きますか。

① 会社が 終わった 後で 行きます。

② 学校に 行く 前に 行きます。

③ 走ったり 泳いだり します。

④ 最近 とても きれいに なりました。

2   どれが ただしいですか。

① 山本さんは 近所の ジムで 走ったり 泳いだり します。

② 山本さんは 会社に 行く 前に ジムへ 行きます。

③ 李さんは 近所の ジムで ジョギングを します。

④ 李さんは 会社が 終わった 後で ジムへ 行きます。

- **～ても いいですか**
  ～해도 괜찮습니까?, ～해도 됩니까?

- **～ては いけません**
  ～해서는 안 됩니다, ～하면 안 됩니다

- **～すぎ / ～すぎる**
  지나치게 ～함 / 지나치게 ～하다

- **～て みます** ～해 봅니다, ～해 보겠습니다

동사의 た형

종류	활용 방법
1그룹동사	어미 く → いた 어미 ぐ → いだ 어미 う・つ・る → った 어미 ぬ・ぶ・む → んだ 어미 す → した
2그룹동사	어미 る → る+た
3그룹동사	来る → 来た する → した

- **～た ことが あります** ～한 적이 있습니다

- **～た＋명사** ～한+명사

- **～に** ～에게〈동작, 작용의 대상〉

동사의 ない형

종류	활용 방법
1그룹동사	어미 う단 → あ단+ない 예외 : ～う → ～わ+ない
2그룹동사	어미 る → る+ない
3그룹동사	来る → 来ない する → しない

- **～なければ なりません**
  ～하지 않으면 안 됩니다, ～해야 합니다

- **～んです / ～んですか**
  ～이랍니다, ～이거든요 / ～인 거예요?

- **～て くる**
  ～하고 오다, ～해지다, ～하기 시작하다

- **～て いく** ～하고 가다, ～해 가다

- **～ないで ください** ～하지 마세요

- **どうしたの？** 왜 그래?, 무슨 일이야?

- **보통체＋の**
  ～이야?, ～이니?, ～요? / ～(어)요, ～(해)요

- **보통체＋よ** ～야, ～요, ～(해)요

- **보통체＋し** ～이고, ～하고

- **～と 思う** ～라고 생각하다

- **～た ほうが いい** ～하는 편이 좋다

- **～く なる** ～해지다

  ～に なる ～해지다

  ～に なる ～이(가) 되다

- **～たり、～たり する**
  ～하기도 하고, ～하기도 하다

- **～前に** ～하기 전에

- **～後で** ～한 뒤에, ～한 후에

1   보기와 같이 바꿔 봅시다.

> **보기**
>
> ゆっくり 歩く / はやく 歩く
>
> → A: ゆっくり 歩いても いいですか。
>
> B1: いいえ、ゆっくり 歩いては いけません。
>
> B2: いいえ、はやく 歩かなければ なりません。

① 欠席する / 出席する

→ _____

② 大きい 声で 言う / 小さい 声で 言う

→ _____

③ メールを 送る / 電話を する

→ _____

④ テレビを 見る / 本を 読む

→ _____

2   보기와 같이 문형에 맞게 단어를 바꿔 봅시다.

> **보기**   コンピューターを 使っても いいです。(使います)

① 温泉に _____た ことが あります。(行きます)

② 誰を ずっと _____んですか。(待って います)

③ 電車に 人が _____り、_____り します。
(乗ります / 降ります)

④ _____すぎは、体<small>からだ</small>に 悪<small>わる</small>いです。(飲<small>の</small>みます)

⑤ ご飯<small>はん</small>が _____ 前<small>まえ</small>に 召<small>め</small>し上<small>あ</small>がって ください。(冷<small>さ</small>めます)

⑥ たぶん _____と 思<small>おも</small>います。(風邪<small>かぜ</small>です)

⑦ 人口<small>じんこう</small>が _____て いきます。(減<small>へ</small>ります)

⑧ 会社<small>かいしゃ</small>に _____た ほうが いいです。(連絡<small>れんらく</small>します)

⑨ この 仕事<small>しごと</small>は _____し 残業<small>ざんぎょう</small>が 多<small>おお</small>い。(疲<small>つか</small>れます)

⑩ 物価<small>ぶっか</small>が _____く なりました。(高<small>たか</small>いです)

3 보기와 같이 밑줄 친 말을 정중체로 바꿔 봅시다.

李さんの お父<small>とう</small>さんは 貿易会社<small>ぼうえきがいしゃ</small>で 働<small>はたら</small>いて いる。性格<small>せいかく</small>は すこし ① きびしい。お母<small>かあ</small>さんは 料理<small>りょうり</small>が ② 上手<small>じょうず</small>だ。ケーキの 作<small>つく</small>り方<small>かた</small>は お母<small>かあ</small>さんから ③ 習<small>なら</small>った。李さんの 妹<small>いもうと</small>は 大学<small>だいがく</small>で 英語<small>えいご</small>を ④ 勉強<small>べんきょう</small>して いる。お兄<small>にい</small>さんは コンピューター会社<small>がいしゃ</small>で ⑤ 働<small>はたら</small>いて いたが、辞<small>や</small>めて しまった。

보기 働<small>はたら</small>いて いる ➡ 働<small>はたら</small>いて います

---

① _____

② _____

③ _____

④ _____

⑤ _____

4 보기와 같이 바꿔 봅시다.

> 보기
> 食事を してから 出かけます。
> ➡ 食事を した 後で 出かけませんか。

① 銀行で お金を おろしてから 買い物に 行きます。

➡ _____

② お風呂に 入ってから ビールを 飲みます。

➡ _____

③ インターネットで 調べてから 買います。

➡ _____

5 보기와 같이 답해 봅시다.

> 보기
> 車を 止めても いいですか。
> ➡ はい、いいですよ。どうぞ。
> ➡ いいえ、止めないで ください。

① 家に 帰っても いいですか。

➡ いいえ、_____

② 電話を 使っても いいですか。

➡ はい、_____

③ 傘を 借りても いいですか。

➡ はい、_____

④ 部屋に 入っても いいですか。

➡ いいえ、_____

부록

동사 활용표

정답 · 스크립트

동사 활용표

	동사의 사전형	동사의 ます형	ます형 활용 문형				
		～ます ～합니다	～ました ～했습니다	～ません ～하지 않습니다	～ましょう ～합시다	～たい ～하고 싶다	～ながら ～하면서
1그룹 동사	書く 쓰다	書きます	書きました	書きません	書きましょう	書きたいです	書きながら
	泳ぐ 헤엄치다	泳ぎます	泳ぎました	泳ぎません	泳ぎましょう	泳ぎたいです	泳ぎながら
	会う 만나다	会います	会いました	会いません	会いましょう	会いたいです	会いながら
	待つ 기다리다	待ちます	待ちました	待ちません	待ちましょう	待ちたいです	待ちながら
	帰る 돌아가다	帰ります	帰りました	帰りません	帰りましょう	帰りたいです	帰りながら
	死ぬ 죽다	死にます	死にました	死にません	死にましょう	死にたいです	死にながら
	遊ぶ 놀다	遊びます	遊びました	遊びません	遊びましょう	遊びたいです	遊びながら
	飲む 마시다	飲みます	飲みました	飲みません	飲みましょう	飲みたいです	飲みながら
	話す 말하다	話します	話しました	話しません	話しましょう	話したいです	話しながら
2그룹 동사	見る 보다	見ます	見ました	見ません	見ましょう	見たいです	見ながら
	起きる 일어나다	起きます	起きました	起きません	起きましょう	起きたいです	起きながら
	食べる 먹다	食べます	食べました	食べません	食べましょう	食べたいです	食べながら
	寝る 자다	寝ます	寝ました	寝ません	寝ましょう	寝たいです	寝ながら
3그룹 동사	する 하다	します	しました	しません	しましょう	したいです	しながら
	来る 오다	来ます	来ました	来ません	来ましょう	来たいです	来ながら

동사의 て형	て형 활용 문형	동사의 た형	た형 활용 문형		동사의 ない형	ない형 활용 문형
〜て 〜하고, 〜해서	**〜てから** 〜하고 나서	**〜た** 〜했다	**〜たり** 〜하기도 하고	**〜たことが あります** 〜한 적이 있습니다	**〜ない** 〜하지 않다	**〜なければ なりません** 〜해야 합니다
書<ruby>書<rt>か</rt></ruby>いて	書いてから	書いた	書いたり	書いたことが あります	書かない	書かなければ なりません
泳<rt>およ</rt>いで	泳いでから	泳いだ	泳いだり	泳いだことが あります	泳がない	泳がなければ なりません
会<rt>あ</rt>って	会ってから	会った	会ったり	会ったことが あります	会わない	会わなければ なりません
待<rt>ま</rt>って	待ってから	待った	待ったり	待ったことが あります	待たない	待たなければ なりません
帰<rt>かえ</rt>って	帰ってから	帰った	帰ったり	帰ったことが あります	帰らない	帰らなければ なりません
死<rt>し</rt>んで	死んでから	死んだ	死んだり	死んだことが あります	死なない	死ななければ なりません
遊<rt>あそ</rt>んで	遊んでから	遊んだ	遊んだり	遊んだことが あります	遊ばない	遊ばなければ なりません
飲<rt>の</rt>んで	飲んでから	飲んだ	飲んだり	飲んだことが あります	飲まない	飲まなければ なりません
話<rt>はな</rt>して	話してから	話した	話したり	話したことが あります	話さない	話さなければ なりません
見<rt>み</rt>て	見てから	見た	見たり	見たことが あります	見ない	見なければ なりません
起<rt>お</rt>きて	起きてから	起きた	起きたり	起きたことが あります	起きない	起きなければ なりません
食<rt>た</rt>べて	食べてから	食べた	食べたり	食べたことが あります	食べない	食べなければ なりません
寝<rt>ね</rt>て	寝てから	寝た	寝たり	寝たことが あります	寝ない	寝なければ なりません
して	してから	した	したり	したことが あります	しない	しなければ なりません
来<rt>き</rt>て	来てから	来た	来たり	来<rt>き</rt>たことが あります	来ない	来<rt>こ</rt>なければ なりません

정중체와 보통체

		정중체	보통체
명사	긍정	学生です 학생입니다	学生だ 학생이다
	부정	学生じゃ(では) ないです = 学生じゃ(では) ありません 학생이 아닙니다	学生じゃ(では) ない 학생이 아니다
	과거 긍정	学生でした 학생이었습니다	学生だった 학생이었다
	과거 부정	学生じゃ(では) なかったです = 学生じゃ(では) ありませんでした 학생이 아니었습니다	学生じゃ(では) なかった 학생이 아니었다
い형용사	긍정	安いです 쌉니다	安い 싸다
	부정	安く ないです = 安く ありません 싸지 않습니다	安く ない 싸지 않다
	과거 긍정	安かったです 쌌습니다	安かった 쌌다
	과거 부정	安く なかったです =安く ありませんでした 싸지 않았습니다	安く なかった 싸지 않았다
な형용사	긍정	きれいです 예쁩니다	きれいだ 예쁘다
	부정	きれいじゃ(では) ないです =きれいじゃ(では) ありません 예쁘지 않습니다	きれいじゃ(では) ない 예쁘지 않다
	과거 긍정	きれいでした 예뻤습니다	きれいだった 예뻤다
	과거 부정	きれいじゃ(では) なかったです =きれいじゃ(では) ありませんでした 예쁘지 않았습니다	きれいじゃ(では) なかった 예쁘지 않았다
동사	긍정	会います 만납니다	会う 만나다
	부정	会いません 만나지 않습니다	会わない 만나지 않다
	과거 긍정	会いました 만났습니다	会った 만났다
	과거 부정	会いませんでした 만나지 않았습니다	会わなかった 만나지 않았다

문형 연습하기 (p.15)

① 歌います / 歌いません
② 出かけます / 出かけません
③ 帰ります / 帰りません
④ 着ます / 着ません
⑤ 降ります / 降りません
⑥ 覚えます / 覚えません
⑦ 泳ぎます / 泳ぎません

① 起きる / 起きる 人
② 置く / 置く 人
③ 走る / 走る 人
④ 来る / 来る 人
⑤ 話す / 話す 人
⑥ 切る / 切る 人
⑦ 寝る / 寝る 人

① A : どんな 部屋ですか。
　B : 静かな 部屋です。
② A : どんな ところですか。
　B : あたたかい ところです。
③ A : どんな 先生ですか。
　B : きびしい 先生です。

① 車は ガソリンで 走ります。
② 水車は 水で 動きます。
③ 紙は 木で 作ります。

회화 연습하기 (p.17)

1 ① A : 田中さんが 使う コンピューターは どれで
　　　すか。
　　B : これです。
　　A : その コンピューターも 田中さんが 使いま
　　　すか。
　　B : いいえ、使いません。

② A : 社長が 乗る 車は どれですか。
　B : これです。
　A : あの 車も 社長が 乗りますか。
　B : いいえ、乗りません。
③ A : 鈴木さんが 飲む 薬は どれですか。
　B : これです。
　A : その 薬も 鈴木さんが 飲みますか。
　B : いいえ、飲みません。

2 ① A : どんな アルバイトですか。
　　B : お皿を 洗う アルバイトです。
　　A : 機械で 洗いますか。
　　B : はい、そうです。
② A : どんな ゲームですか。
　B : ボールを 打つ ゲームです。
　A : 棒で 打ちますか。
　B : はい、そうです。
③ A : どんな 商売ですか。
　B : サプリメントを 売る 商売です。
　A : インターネットで 売りますか。
　B : はい、そうです。

듣기 연습하기 (p.18)

1 ① A : (どんな アルバイトを) しますか。
　　B : 英語の 家庭教師を します。
② A : かばんの 中には 何が ありますか。
　B : 特に (何も ありません)。
③ A : ときどき ゲームを しますか。
　B : はい、(インターネットで) ゲームを
　　　します。
④ A : (会社へ 行く とき) 電車で 行きますか。
　B : はい、そうです。
2 ① A : 小林さん、日本語の 勉強を しますか。
　　B : いいえ、日本語の 勉強は しません。
　　　英語の 勉強を します。
② A : 山田さんは 雑誌を 読みますか。
　B : いいえ、山田さんは 雑誌を 読みません。
　　　新聞を 読みます。

③ A：どんな 仕事ですか。

B：韓国語を 教える 仕事です。

④ A：松岡さんは 学校まで 自転車で 行きますか。

B：いいえ、バスで 行きます。

정답：① ○　② ○　③ ×　④ ×

독해 연습하기 (p.19)

1 ②

2 ③

2과

문형 연습하기 (p.28)

1 ① 音楽を 聞きませんか。

② ケーキを 食べませんか。

③ 部屋を 掃除しませんか。

2 ① A：テニスを しに 行きませんか。

B：はい、いいですね。しましょう。

② A：映画を 見に 行きませんか。

B：はい、いいですね。見ましょう。

③ A：服を 買いに 行きませんか。

B：はい、いいですね。買いましょう。

3 ① A：お昼ごはんを 食べましたか。

B：いいえ、これから 食べます。

A：いっしょに 食べませんか。

② A：お茶を 飲みましたか。

B：いいえ、これから 飲みます。

A：いっしょに 飲みませんか。

③ A：会話の 練習を しましたか。

B：いいえ、これから 練習を します。

A：いっしょに 練習を しませんか。

4 ① 友だちの 家へ マンガを 借りに 行きました。

② 空港へ 先生を 見送りに 行きました。

③ 病院へ 友だちを 見舞いに 行きました。

회화 연습하기 (p.30)

1 ① A：バーベキューを しませんか。

B：いいですね。しましょう。

A：ビールも 買いましょうか。

B：ええ、そうしましょう。

② A：コーヒーを 飲みませんか。

B：いいですね。飲みましょう。

A：ケーキも 食べましょうか。

B：ええ、そうしましょう。

③ A：誕生パーティーを 開きませんか。

B：いいですね。開きましょう。

A：部屋も 飾りましょうか。

B：ええ、そうしましょう。

2 ① A：昨日は 何を しましたか。

B：デパートへ プレゼントを 買いに 行きました。

A：何を 買いましたか。

B：マフラーを 買いました。

② A：昨日は 何を しましたか。

B：友だちの 家へ お土産を 渡しに 行きました。

A：何を 渡しましたか。

B：お菓子を 渡しました。

③ A：昨日は 何を しましたか。

B：新宿へ 食事を しに 行きました。

A：何を 食べましたか。

B：フランス料理を 食べました。

듣기 연습하기 (p.31)

1 ① A：誰に 会いに 行きますか。

B：恋人に （会いに） 行きます。

② A：何を しに 行きますか。

B：先生を （迎えに） 行きます。

③ A：何を しに 行きますか。

B：公園へ （運動を しに） 行きます。

④ A：何を しに 行きますか。

B：プールへ （泳ぎに） 行きます。

① 鈴木さんは 会社に 電車で 行きました。

② 鈴木さんは 10時に 会議を しました。

③ 鈴木さんは 12時 半に レストランへ 食事に 行きました。

④ 鈴木さんは 7時に 家に 帰りました。

정답: ① ✕　② ○　③ ○　④ ✕

독해 연습하기 (p.32)

1 ①

2 ④

3과

문형 연습하기 (p.39)

1 ① A : どんな かばんが ほしいですか。
　　 B : 大きい かばんが ほしいです。

② A : どんな 恋人が ほしいですか。
　　 B : ハンサムな 恋人が ほしいです。

③ A : どんな タブレットが ほしいですか。
　　 B : 使い方が 簡単な タブレットが ほしいです。

2 ① A : 何が 見たいですか。
　　 B : ミュージカルは 見たいですが、映画は 見たく ないです。

② A : 何が 習いたいですか。
　　 B : 生け花は 習いたいですが、書道は 習いたく ないです。

③ A : 何が 食べたいですか。
　　 B : すしは 食べたいですが、ラーメンは 食べたく ないです。

3 ① テレビを 見ながら 運動を しました。
② 歌を 歌いながら おどりました。
③ お酒を 飲みながら 話を しました。

4 ① とても
② よく
③ ときどき

④ あまり

⑤ すこし

회화 연습하기 (p.41)

1 ① A : 今 ほしい ものは ありますか。
　　 B : 図書券が ほしいです。
　　 A : どうしてですか。
　　 B : 日本語の 教科書が 買いたいからです。

② A : 今 ほしい ものは ありますか。
　　 B : 彼女が ほしいです。
　　 A : どうしてですか。
　　 B : いっしょに クリスマスを 過ごしたいからです。

③ A : 今 ほしい ものは ありますか。
　　 B : 運転免許が ほしいです。
　　 A : どうしてですか。
　　 B : 横浜へ ドライブを しに 行きたいからです。

2 ① A : 昔 よく 何を しましたか。
　　 B : 音楽を 聞きながら 山に 登りました。
　　 A : また 登りたいですか。
　　 B : いいえ、もう 登りたく ないです。

② A : 昔 よく 何を しましたか。
　　 B : 学校に 通いながら ダンスを 習いました。
　　 A : また 習いたいですか。
　　 B : いいえ、もう 習いたく ないです。

③ A : 昔 よく 何を しましたか。
　　 B : 勉強しながら アルバイトを しました。
　　 A : また したいですか。
　　 B : いいえ、もう したく ないです。

듣기 연습하기 (p.42)

1 ① A : どんな カメラが ほしいですか。
　　 B : (小さい カメラが ほしいです)。

② A : 誰と いっしょに 行きたいですか。
　　 B : (家族と いっしょに 行きたいです)。

③ A：お茶を 飲みながら 何を しますか。

　　B：(お茶を 飲みながら 音楽を 聞きます)。

④ A：本屋に よく 行きますか。

　　B：(いいえ、あまり 行きません)。

2 田中さんは 夕食の 時、テレビを 見ながら ごはんを 食べます。金さんは ピアノを ひきながら 歌を 歌います。鈴木さんは 音楽を 聞きながら 勉強します。李さんは 新聞を 読みながら コーヒーを 飲みます。

정답：① (李)さん　　② (田中)さん

　　　③ (鈴木)さん　　④ (金)さん

독해 연습하기 (p.43)

1 ③

2 ②

4과

문형 연습하기 (p.50)

1 ① 泳ぎます / 泳いで

② 着ます / 着て

③ 来ます / 来て

④ 洗濯します / 洗濯して

⑤ 寝ます / 寝て

⑥ 行きます / 行って

⑦ 死にます / 死んで

⑧ 話します / 話して

2 ① 地下鉄に 乗って 会社に 行きました。

② お金を 入れて ボタンを 押しました。

③ 会社に 行って 仕事を しました。

3 ① A：電気を つけましょうか。

　　B：はい、つけて ください。

② A：写真を 撮りましょうか。

　　B：はい、撮って ください。

③ A：コピーを とりましょうか。

　　B：はい、とって ください。

4 ① 宿題してから、寝ました。

② 母に 会ってから、買い物に 行きます。

③ 電話を かけてから、行きましょうか。

회화 연습하기 (p.52)

1 ① A：週末は 何を しますか。

　　B：彼氏に 会って 映画を 見ます。
　　　田中さんは？

　　A：公園に 行って 写真を 撮ります。

　　B：そうですか。

② A：週末は 何を しますか。

　　B：友だちを 呼んで パーティーを します。
　　　田中さんは？

　　A：本を 読んで レポートを 書きます。

　　B：そうですか。

2 ① A：手伝いましょうか。

　　B：ありがとうございます。じゃ、お湯を わかして ください。

　　A：はい。

　　B：次に 塩を 入れてから 材料を ゆでて ください。

② A：手伝いましょうか。

　　B：ありがとうございます。じゃ、荷物を まとめて ください。

　　A：はい。

　　B：次に ひもで しばってから あちらに 運んで ください。

③ A：手伝いましょうか。

　　B：ありがとうございます。じゃ、食器を しまって ください。

　　A：はい。

　　B：次に ふきんを しぼってから テーブルを ふいて ください。

듣기 연습하기 (p.53)

① A：昨日は 何を しましたか。
　 B：(友だちが 来て) 遊びました。

② A：昨日は 何を しましたか。
　 B：(家に 帰ってから) ゲームを しました。

③ A：昨日は 何を しましたか。
　 B：(カラオケに 行って) 歌いました。

④ A：何を 手伝いましょうか。
　 B：荷物を (運んで ください)。

朝 7時に 起きて ご飯を 食べて、出かけました。
9時に 学校に 行って、インターネットを しました。12時に 友だちと 会って、お昼ごはんを 食べました。そして、授業を 聞いてから 図書館に 行きました。

정답：2 → 3 → 1 → 4

독해 연습하기 (p.54)

1 ③

2 ②

5과

문형 연습하기 (p.61)

1 ① A：何を して いますか。
　　 B：お酒を 飲んで います。

　② A：何を 見て いますか。
　　 B：日本の ドラマを 見て います。

　③ A：何を 着て いますか。
　　 B：コートを 着て います。

2 ① 名前を 聞きましたが、忘れて しまいました。

　② 気を つけましたが、風邪を ひいて しまいました。

　③ がんばりましたが、試験に 落ちて しまいました。

3 ① お茶の 入れ方を 教えました。

　② 漢字の 読み方を 勉強しました。

③ 問題の 解き方を 聞きました。

4 ① ご飯を たくさん 食べました。それで 眠いです。

　② クーラーを つけました。それで すずしいです。

　③ 部屋を 掃除しました。それで きれいです。

회화 연습하기 (p.63)

1 ① A：ちょっと 名簿を 貸して ください。
　　 B：今、田中さんが 見て います。
　　 A：じゃ、データファイルは ありますか。
　　 B：データファイルは データが 消失して しまいました。

　② A：ちょっと スクーターを 貸して ください。
　　 B：今、田中さんが 乗って います。
　　 A：じゃ、自転車は ありますか。
　　 B：自転車は タイヤが パンクして しまいました。

　③ A：ちょっと 鍵を 貸して ください。
　　 B：今、田中さんが 持って います。
　　 A：じゃ、予備の 鍵は ありますか。
　　 B：予備の 鍵は なくして しまいました。

2 ① A：梅の 花は 咲いて いますか。
　　 B：はい、咲いて います。
　　 A：じゃ、桜の 花は 咲いて いますか。
　　 B：いいえ、咲いて いません。

　② A：デパートは 混んで いますか。
　　 B：はい、混んで います。
　　 A：じゃ、スーパーは 混んで いますか。
　　 B：いいえ、混んで いません。

　③ A：ハンカチは 乾いて いますか。
　　 B：はい、乾いて います。
　　 A：じゃ、タオルは 乾いて いますか。
　　 B：いいえ、乾いて いません。

듣기 연습하기 (p.64)

1 ① A：誰から 料理の 作り方を 習いましたか。
　　 B：(姉から 料理の 作り方を 習いました)。

② A：金さんは　もう　結婚して　いますか。

B：いいえ、(まだ　結婚して　いません)。

③ A：お姉さんは　何を　して　いますか。

B：(大学に　通って　います)。

④ A：家に　電話を　かけましたか。

B：あ、(忘れて　しまいました)。

2 ① 金さんは　音楽を　聞いて　います。

② 小林さんは　寝て　います。

③ 山本さんは　写真を　撮って　います。

④ 李さんは　ジュースを　飲んで　います。

정답：① ○　② ×　③ ×　④ ×

독해 연습하기 (p.65)

1 ②

2 ④

종합 연습문제 1 (p.68)

1 ① テレビを　見ます / テレビを　見たいです / テレビを　見ませんか / テレビを　見て　ください

② 家に　帰ります / 家に　帰りたいです / 家に　帰りませんか / 家に　帰って　ください

③ プールで　泳ぎます / プールで　泳ぎたいです / プールで　泳ぎませんか / プールで　泳いで　ください

④ 水泳の　練習を　します / 水泳の　練習を　したいです / 水泳の　練習を　しませんか / 水泳の　練習を　して　ください

2 ① が

② を / に

③ で / の / を

④ に / の / で

3 ① ひく

② 集める

③ 歌う

④ 撮る

4 ① 漢字の　読み方を　覚えて　ください。

② メールの　送り方を　習って　ください。

③ ドアの　開け方を　聞いて　ください。

④ お金の　おろし方を　説明して　ください。

5 ① 電話を　かけて　います。

② ビールを　飲んで　います。

③ 公園を　散歩して　います。

④ タバコを　吸って　います。

⑤ バスを　待って　います。

6과

문형 연습하기 (p.76)

1 ① A：ここに　ゴミを　捨てても　いいですか。

B：はい、いいですよ。どうぞ。

② A：ここで　遊んでも　いいですか。

B：はい、いいですよ。どうぞ。

③ A：家に　帰っても　いいですか。

B：はい、いいですよ。どうぞ。

2 ① A：車の　中で　タバコを　吸っても　いいですか。

B：いいえ、吸っては　いけません。

② A：この　傘を　借りても　いいですか。

B：いいえ、借りては　いけません。

③ A：テストの　とき　教科書を　見ても　いいですか。

B：いいえ、見ては　いけません。

3 ① テレビの　見すぎは　目に　悪いです。

② 甘いものの　食べすぎは　歯に　悪いです。

③ 運動の　しすぎは　健康に　悪いです。

4 ① A：バスが　来ません。

B：時刻表を　見て　みましょう。

② A：単語が　わかりません。

B：辞書を　引いて　みましょう。

③ A：服が　似合いません。

B：店員の　意見を　聞いて　みましょう。

회화 연습하기 (p.78)

① A : ここで 飲み物を 飲んでも いいですか。

B : はい、いいですよ。でも ご飯を 食べては いけません。

A : はい、わかりました。タバコも 吸っては いけませんか。

B : いいえ、それは 大丈夫です。

② A : 森先生の 研究室に 入っても いいですか。

B : はい、いいですよ。でも ファイルを 見ては いけません。

A : はい、わかりました。本も 読んでは いけませんか。

B : いいえ、それは 大丈夫です。

③ A : テレビを つけても いいですか。

B : はい、いいですよ。でも 大きい 音で 聞いては いけません。

A : はい、わかりました。ゲームも しては いけませんか。

B : いいえ、それは 大丈夫です。

2 ① A : 一日 何杯 コーヒーを 飲みますか。

B : 10杯くらいです。

A : 飲みすぎですよ。

B : はい、我慢して みます。

② A : 一日 いくら お金を 使いますか。

B : 2万円くらいです。

A : 使いすぎですよ。

B : はい、節約して みます。

③ A : 一日 何時間 インターネットを しますか。

B : 6時間くらいです。

A : しすぎですよ。

B : はい、他の ことを して みます。

듣기 연습하기 (p.79)

1 ① A : 部屋の 電気を 消しても いいですか。

B : (はい、いいですよ。どうぞ)。

② A : 今日は お風呂に 入っても いいですか。

B : (今日は お風呂に 入っては いけません)。

③ A : テレビを つけても いいですか。

B : (いいえ、今は だめです)。

④ A : 友だちと いっしょに 行っても いいですか。

B : (すみませんが、ちょっと…)。

2 コーヒーは だめですが、ジュースは 飲んでも いいです。タバコは 吸っては いけません。お風呂に 入っては いけませんが、シャワーは 大丈夫です。そして 食べすぎは 良くないですから、すこし 食べて ください。

정답 : ① ×　② ○　③ ×　④ ×

독해 연습하기 (p.80)

1 ③

2 ④

7과

문형 연습하기 (p.86)

1 ① 帰って / 帰った

② 調べて / 調べた

③ 手伝って / 手伝った

④ 乗って / 乗った

⑤ 準備して / 準備した

⑥ 教えて / 教えた

⑦ 走って / 走った

⑧ 来て / 来た

⑨ 立って / 立った

⑩ 作って / 作った

2 ① で

② に

③ に

④ で

3 ① これは 私が 見た 日本の ドラマです。

② これは 私が 買った カメラです。

③ これは 私が 読んだ 小説です。

4 ① A：富士山に 登った ことが ありますか。

B：いいえ、登った ことが ありません。

② A：犬を 飼った ことが ありますか。

B：いいえ、飼った ことが ありません。

③ A：日本で 病院に 行った ことが ありますか。

B：いいえ、行った ことが ありません。

회화 연습하기 (p.88)

1 ① A：これは 何ですか。

B：私が 書いた 本です。

A：読んでも いいですか。

B：いいえ、読んでは いけません。恥ずかしい

ですから。

② A：これは 何ですか。

B：私が 漬けた おつけものです。

A：味見しても いいですか。

B：いいえ、味見しては いけません。とても

しょっぱいですから。

③ A：これは 何ですか。

B：私が 作った 人形です。

A：さわっても いいですか。

B：いいえ、さわっては いけません。こわれま

すから。

2 ① A：富士山に 登った ことが ありますか。

B：はい、あります。

A：いつ 登りましたか。

B：2年前に 登山が 流行した ときです。

② A：韓国の 小説を 読んだ ことが ありますか。

B：はい、あります。

A：いつ 読みましたか。

B：大学に 入学した ときです。

③ A：宝くじに 当たった ことが ありますか。

B：はい、あります。

A：いつ 当たりましたか。

B：はじめて 宝くじを 買った ときです。

듣기 연습하기 (p.89)

1 ① A：おすしを 食べた ことが ありますか。

B：(はい、食べた ことが あります)。

② A：温泉に 行った ことが ありますか。

B：(はい、一度だけ あります)。

③ A：KTXに 乗った ことが ありますか。

B：(いいえ、一度も ありません)。

④ A：アルバイトを した ことが ありますか。

B：(いいえ、した ことが ありません。して

みたいです)。

2 金さんは 日本で バスに 乗った ことが ありま

すが、タクシーに 乗った ことは ありません。カ

ラオケに 行った ことが ありますが、おどったこ

とは ありません。レストランに 行った ことが

ありますが、居酒屋に 行った ことは ありませ

ん。ビールは 飲んだ ことが ありますが、ウイス

キーは 飲んだ ことが ありません。

정답：① ○ ② × ③ ○ ④ ×

독해 연습하기 (p.90)

1 ②

2 ①

8과

문형 연습하기 (p.97)

1 ① A：ゆっくり 歩いても いいですか。

B：いいえ、急がなければ なりません。

② A：欠席しても いいですか。

B：いいえ、出席しなければ なりません。

③ A：遊んでも いいですか。

B：いいえ、勉強しなければ なりません。

① 大丈夫ですから 心配しないで ください。

② 試験が ありますから 休まないで ください。

③ 部屋の 鍵ですから なくさないで ください。

① 本を 借りに 行くんです。

② 来年 日本に 留学するんです。

③ 毎日 薬を 飲むんです。

① 家まで 走って きました。

② 友だちが ジュースを 買って きました。

③ 来月 金さんが ふるさとに 帰って いきます。

회화 연습하기 (p.99)

1 ① A：何を して いるんですか。

B：プレゼントを 選んで いるんです。

A：どうしてですか。

B：もうすぐ 彼女の 誕生日が 来ますから プ
レゼントを 贈らなければ なりません。

② A：何を して いるんですか。

B：靴を 磨いて いるんです。

A：どうしてですか。

B：明日 面接を 受けますから 準備しなければ
なりません。

③ A：何を して いるんですか。

B：魚を 焼いて いるんです。

A：どうしてですか。

B：午後 花見に 行きますから お弁当を 作ら
なければ なりません。

2 ① A：ゴミを 置いて 出ても いいですか。

B：いいえ、置いて 出ないで ください。

A：じゃ、持って いきます。

B：はい、そうして ください。

② A：雑誌を 借りて いっても いいですか。

B：いいえ、借りて いかないで ください。

A：じゃ、読んで いきます。

B：はい、そうして ください。

③ A：これを 持って 帰っても いいですか。

B：いいえ、持って 帰らないで ください。

A：じゃ、見て いきます。

B：はい、そうして ください。

듣기 연습하기 (p.100)

1 ① A：どうして 掃除して いるんですか。

B：お客さんが 来ますから、(掃除しなければ
なりません)。

② A：どうして 急いで いるんですか。

B：友だちが 来ますから、(迎えに いかなけれ
ば なりません)。

③ A：この 資料は 誰が 持って きましたか。

B：田中さんが (持って きました)。

④ A：ここに 車を 止めても いいですか。

B：いいえ、すみませんが、(ここには 止めな
いで ください)。

2 英会話の 授業は 取らなければ なりませんが、
西洋美術は 取っては いけません。

コンピューターは 取っても いいです。日本文化
は 取らなければ なりません。

日本語会話は 取った ことが ありますから、もう
一度 取っては いけません。

정답：日本文化 (○)　コンピューター (○)

英会話 (○)　西洋美術 (×)

日本語会話 (×)

독해 연습하기 (p.101)

1 ③

2 ④

문형 연습하기 (p.111)

1 ① 部屋は あまり 広く なかった。
  ② 弟は 納豆を 食べない。
  ③ この 町は 昔は にぎやかじゃ なかった。

2 ① 疲れるし、給料が 安いし、この 仕事は 嫌だ。
  ② 来週から 夏休みだし、天気も いいし、本当に うれしい。
  ③ テレビが うつらないし、料理が おいしく ないし、この ホテルは 良く ない。

3 ① A : インターネットは 便利だと 思いますか。
    B1 : はい、便利だと 思います。
    B2 : いいえ、便利じゃ（では）ないと 思います。
  ② A : 金さんは 家に いると 思いますか。
    B1 : はい、家に いると 思います。
    B2 : いいえ、家に いないと 思います。
  ③ A : 加藤さんは 夏休みに 日本に 帰ったと 思いますか。
    B1 : はい、帰ったと 思います。
    B2 : いいえ、帰らなかったと 思います。

4 ① A : 連絡が ないんですが……。
    B : 電話した ほうが いいですよ。
  ② A : 公園に 行くんですが……。
    B : 寒いから コートを 着た ほうが いいですよ。
  ③ A : プレゼントを するんですが……。
    B : はやく 準備した ほうが いいですよ。

회화 연습하기 (p.113)

1 ① A : 九州旅行は どう？
    B : 近いし 温泉が あるし いいね。
    A : じゃ、九州旅行に する？
    B : でも、今は とても 暑いと 思う。
  ② A : この パソコンは どう？
    B : 新型だし かっこいいし いいね。

A : じゃ、この パソコンに する？
B : でも、重くて 不便だと 思う。
③ A : サッカーは どう？
  B : 人が たくさん いるし ボールが あるし いいね。
  A : じゃ、サッカーに する？
  B : でも、雨が 降ると 思う。

2 ① A : 恋人と 別れました。
    B : それで 元気が ないんですね。
    A : はい。
    B : はやく 忘れた ほうが いいですよ。
  ② A : お酒を たくさん 飲んで しまいました。
    B : それで 顔色が 悪いんですね。
    A : はい。
    B : 薬を 飲んだ ほうが いいですよ。
  ③ A : 図書館で 時計を 落としました。
    B : それで 心配して いるんですね。
    A : はい。
    B : はやく 探した ほうが いいですよ。

듣기 연습하기 (p.114)

1 ① A : このごろ 太って しましました。
    B : そうですか。（運動した ほうが いいですよ）。
  ② A : この 漢字の 読み 方が 分かりません。
    B : （先生に 聞いた ほうが いいですよ）。
  ③ A : 東京の 地下鉄は どうですか。
    B : （複雑ですが、便利だと 思います）。
  ④ A : あの 店は どうですか。
    B : （きれいだし、おいしいと 思います）。

2 ① A : この 店は どうですか。
    B : この 店は 新しいし、サービスが いいです。
  ② A : この 店は どうですか。
    B : この 店は きれいじゃ ないし、値段が 高いです。
  ③ A : この 店は どうですか。
    B : この 店は 狭いし、値段が 高く ないです。

④ A : この 店は どうですか。
　　B : この 店は 広いし、人が 多いです。

정답 : ① ○　② ×　③ ×　④ ×

독해 연습하기　(p.115)

④

③

10과

문형 연습하기　(p.122)

1　① 車が 動いたり 止まったり します。
　　② 温度が 上がったり 下がったり します。
　　③ 赤ちゃんが 泣いたり 笑ったり します。
2　① 最近 太りましたから、スカートが きつく な
　　　りました。
　　② 会社を 辞めましたから、暇に なりました。
　　③ 学校が テレビに 出ましたから、有名に なり
　　　ました。
3　① 手紙を 出します。その 前に 切手を はります。
　　　手紙を 出す 前に 切手を はります。
　　② 食堂に 行きます。その 前に 予約を します。
　　　食堂に 行く 前に、予約を します。
　　③ 電車に 乗ります。その 前に きっぷを 買い
　　　ます。
　　　電車に 乗る 前に きっぷを 買います。
4　① 手を 洗ってから 料理を 作ります。
　　　手を 洗った 後で 料理を 作ります。
　　② 車が 止まってから 席を 立ちます。
　　　車が 止まった 後で 席を 立ちます。
　　③ 窓を 閉めてから 部屋を 出ます。
　　　窓を 閉めた 後で 部屋を 出ます。

회화 연습하기　(p.124)

1　① A : 田中さん、最近 韓国語が 上手に なりまし
　　　　　たね。
　　　B : そうですか。
　　　A : どうしてですか。
　　　B : 韓国の ドラマを 見たり 音楽を 聞いたり
　　　　　したからだと 思います。
　　② A : 田中さん、最近 表情が 良く なりましたね。
　　　B : そうですか。
　　　A : どうしてですか。
　　　B : 成績が 上がったり 恋人が できたり した
　　　　　からだと 思います。
　　③ A : 田中さん、最近 きれいに なりましたね。
　　　B : そうですか。
　　　A : どうしてですか。
　　　B : ヨガを したり ジョギングを したり した
　　　　　からだと 思います。
2　① A : ご飯を 食べる 前に 粉薬を 飲んで くだ
　　　　　さい。
　　　B : はい、錠剤も ご飯を 食べる 前に 飲みま
　　　　　すか。
　　　A : いいえ、ご飯を 食べた 後で 飲んで くだ
　　　　　さい。
　　　B : はい、わかりました。
　　② A : 席に つく 前に 名前を 書いて ください。
　　　B : はい。番号も 席に つく 前に 書きますか。
　　　A : いいえ、席に ついた 後で 書いて ください。
　　　B : はい、わかりました。
　　③ A : パンを 出す 前に スープを 出して ください。
　　　B : はい。サラダも パンを 出す 前に 出しま
　　　　　すか。
　　　A : いいえ、パンを 出した 後で 出して くだ
　　　　　さい。
　　　B : はい。わかりました。

듣기 연습하기 (p.125)

1 ① A：休みの 日に どんな ことを しますか。

B：(ゲームを したり 寝たりします)。

② A：最近の パソコンの 価格は どうですか。

B：(とても 安く なりました)。

③ A：いつ お風呂に 入りますか。

B：(食事の 後で 入ります)。

④ A：いつ 会いに 行きますか。

B：(旅行の 前に 会いに 行きます)。

2 ① 冬に なりましたから、寒く なりました。

② たくさん 食べましたから、おなかが いっぱい に なりました。

③ 運動しましたから、丈夫に なりました。

④ 工事を しましたから、新しく なりました。

정답：① ×　② ○　③ ○　④ ×

독해 연습하기 (p.126)

1 ①

2 ①

종합 연습문제 2 (p.128)

1 ① A：欠席しても いいですか。

B1：いいえ、欠席しては いけません。

B2：いいえ、出席しなければ なりません。

② A：大きい 声で 言っても いいですか。

B1：いいえ、大きい 声で 言っては いけません。

B2：いいえ、小さい 声で 言わなければ なり ません。

③ A：メールを 送っても いいですか。

B1：いいえ、メールを 送っては いけません。

B2：いいえ、電話を しなければ なりません。

④ A：テレビを 見ても いいですか。

B1：いいえ、テレビを 見ては いけません。

B2：いいえ、本を 読まなければ なりません。

2 ① 行った

② 待って いるん

③ 乗った / 降りた

④ 飲み

⑤ 冷める

⑥ 風邪だ

⑦ 減って

⑧ 連絡し

⑨ 疲れる

⑩ 高

3 ① きびしいです

② 上手です

③ 習いました

④ 勉強して います

⑤ 働いて いましたが、辞めて しまいました

4 ① 銀行で お金を おろした 後で 買い物に 行き ませんか。

② お風呂に 入った 後で ビールを 飲みませんか。

③ インターネットで 調べた 後で 買いませんか。

5 ① 帰らないで ください。

② いいですよ。どうぞ。

③ いいですよ。どうぞ。

④ 入らないで ください。

(2nd EDITION)

단계별로 쉽게 익히는 3 Step 일본어 2

지은이 한선희, 이이호시 카즈야, 오가와 야스코
펴낸이 정규도
펴낸곳 (주)다락원

초판 1쇄 발행 2009년 6월 10일
2판 1쇄 인쇄 2022년 5월 13일
2판 1쇄 발행 2022년 5월 23일

책임편집 임혜련, 송화록
디자인 장미연, 최영란
일러스트 야하타 에미코

🔳 **다락원** 경기도 파주시 문발로 211
내용문의: (02)736-2031 내선 460~465
구입문의: (02)736-2031 내선 250~252
Fax: (02)732-2037
출판등록 1977년 9월 16일 제406-2008-000007호

값 13,500원

ISBN   978-89-277-1262-6 14730
        978-89-277-1260-2 (세트)

http://www.darakwon.co.kr

• 다락원 홈페이지를 방문하거나 표지의 QR코드를 스캔하면 MP3 파일 및
  관련자료를 다운로드 할 수 있습니다.